Galleria Vittorio Emanuele II.
© HENRY BONN - FOTOLIA

DIRECTEURS DE COLLECTION ET AUTEURS
Dominique AUZIAS et Jean-Paul LABOURDETTE

AUTEURS
Aurélie HANNIER, Marie-Isabelle CORRADI, Jean-Paul LABOURDETTE, Dominique AUZIAS et alter

DIRECTEUR EDITORIAL
Stéphan SZEREMETA

RÉDACTION MONDE
Caroline MICHELOT, Morgane VESLIN, Pierre-Yves SOUCHET, Jimmy POSTOLLEC, Natalia COLLIER, Laureen DUCHESNE, Anaïs MAOLE

RÉDACTION FRANCE
Elisabeth COL, Tony DE SOUSA, Mélanie COTTARD, Audrey VEDOVOTTO

MAQUETTE ET MONTAGE
Julie BORDES, Sandrine MECKING, Delphine PAGANO

ICONOGRAPHIE CARTOGRAPHIE
Anne DIOT assistée de Julien DOUCET

DIRECTRICE DES VENTES
Bénédicte MOULET assistée d'Aissatou DIOP, Sidonie COLLET

RESPONSABLE DES VENTES
Jean-Pierre GHEZ assisté de Nelly BRION

RELATIONS PRESSE-PARTENARIATS
Jean-Mary MARCHAL

PRÉSIDENT
Jean-Paul LABOURDETTE

DIRECTRICE ADMINISTRATIVE ET FINANCIÈRE
Valérie DECOTTIGNIES

DIRECTRICE DES RESSOURCES HUMAINES
Dina BOURDEAU assistée de Sandra MORAIS et Eva BAELEN

COMPTABILITÉ
Jeannine DEMIRDJIAN, Adrien PRIGENT et Faiza ALILI

RECOUVREMENT
Fabien BONNAN assisté de Sandra BRIJLALL et Vinoth SAGUERRE

CITY TRIP MILAN

LES NOUVELLES ÉDITIONS DE L'UNIVERSITÉ
18, rue des Volontaires - 75015 Paris.
✆ 01 53 69 70 00 - Fax 01 42 73 15 24
Internet : www.petitfute.com
SAS au capital de 1 000 000 € -
RC PARIS B 309 769 966
Couverture : La Galerie Vittorio Emanuele, Milan © Pestifero - iStockPhoto.com
Impression : IMPRIMERIE CHIRAT
42540 Saint-Just-la-Pendue
Achevé d'imprimer : février 2021
Dépôt légal : février 2021
ISBN : 9782305033174

Pour nous contacter par email, indiquez le nom de famille en minuscule suivi de @petitfute.com
Pour le courrier des lecteurs : info@petitfute.com

PEFC 10-31-1895

IMPRIMÉ EN FRANCE

BIENVENUE À MILAN !

M*ilan l'è on gran Milan,* chantait Giovanni d'Anzi dans son hymne à la capitale lombarde. Aussi dynamique que séduisante, fière de son passé mais tournée vers l'avenir, Milan exerce un charme discret mais certain. C'est en vain qu'on y cherchera les attraits d'une Rome ou d'une Florence : ici, les plus belles choses ne se découvrent pas du premier coup, il faut prendre le temps de s'imprégner de l'histoire de la ville et de son ambiance particulière. Nombreux sont les artistes à avoir laissé leur empreinte dans la capitale lombarde comme Léonard de Vinci qui y a peint des œuvres magistrales, Le Caravage qui a hanté ses bas-fonds ou Verdi qui y a rédigé des airs d'opéra légendaires. Autrefois cité de canaux, au tracé ancien toujours préservé, la ville vit aujourd'hui une ère d'intense requalification urbaine. De vastes chantiers, expression de sa vitalité économique, repensent et remodèlent Milan au fil des ans : ourlé de gratte-ciel, le nouveau profil de la ville peut alors surprendre et dérouter le promeneur. Mais certaines traditions se veulent immuables à Milan : c'est le cas du généreux *aperitivo* durant lequel, entre un cocktail et un buffet bien garni, le long du *Naviglio* ou près du *Duomo,* vous referez le monde en fin de journée ! Bienvenue dans la capitale économique de l'Italie, une ville où rien ne dure sans effort, mais où tout semble possible.

De ses carnets de voyage personnels aux guides du Petit Futé, *il n'y eut qu'un pas ! Auteure et rédactrice pour le* Petit Futé *depuis plusieurs années, Aurélie Hannier a toujours un pied en France et l'autre en Italie. Passionnée par la culture transalpine, elle a parcouru les rues de Milan pour y dénicher les meilleures adresses et vous dévoiler ses bons plans.*

SOMMAIRE

Cœur vibrant de la ville, le centre de Milan allie tradition et modernité avec style et savoir-faire. Au scintillement des boutiques du Quadrilatère de la Mode, répond la blancheur immaculée des marbres du Duomo, tandis que le temple européen de l'art lyrique, la Scala, annonce l'élégante poésie bohémienne du quartier de Brera.

73

SANT'AMBROGIO ET CASTELLO

Chic, bourgeois et plus réservé, ce quartier aux palais aristocratiques centenaires abrite la basilique de Sant'Ambrogio, fleuron de l'art roman, celle de Santa Maria delle Grazie et la célébrissime *Cène* de Léonard de Vinci, sans oublier l'imposant château médiéval des Sforza. Belles boutiques et bistrots historiques immortalisent la tradition milanaise à travers un savoir-faire artisanal et gastronomique de premier plan.

PORTA NUOVA ET ISOLA

Lieu de prédilection des noctambules, ce quartier jadis populaire vit actuellement sa plus grande heure. Les professionnels du *design*, de la mode et les people s'y rassemblent, fréquentant assidûment boutiques branchées, bars et boîtes de nuit d'avant-garde.

94

113

NAVIGLI, PORTA ROMANA ET DESIGN DISTRICT

Dans ce quartier, peut-être plus qu'ailleurs, flotte un air de Milan d'autrefois. Le long des Navigli, ces anciens canaux qui traversaient jadis la ville entière, l'ambiance est joyeuse tout au long de l'année, dans des bars très fréquentés par les étudiants des universités voisines.

LES IMMANQUABLES

REPÈRES HISTORIQUES DE LA VILLE

Des Celtes aux invasions barbares. La légende veut que Milan ait été fondée par les Celtes, les Insubres vers 600 av. J.-C., à l'emplacement où leur chef Bellovesos aurait vu une truie à moitié recouverte de laine. C'est avec la conquête romaine en 222 av. J.-C. que Milan, grâce à sa position stratégique au centre de la plaine du Pô, prend le nom de *Mediolanum* (au milieu de la plaine). La ville, active et prospère, aura une importance capitale dans les campagnes de conquête de la Gaule de César. Au moment du partage de l'empire, *Mediolanum* devient capitale de l'Empire romain d'Occident (301-404 ap. J.-C.) et résidence de l'empereur. Une importance politique à laquelle s'ajoute le primat religieux sous l'évêché d'Ambroise (374-397 ap. J.-C.). Devenu centre influent de la chrétienté, *Mediolanum* n'est pourtant pas épargnée par les invasions barbares. Du Ve au VIIe siècle la ville est pillée à plusieurs reprises, débutant ainsi une période de décadence. L'empire carolingien ne lui rendra pas son lustre perdu, et il faudra attendre la période des communes au XIe siècle.

De commune à duché. Un artisanat florissant et un commerce en pleine expansion sont soutenus par la construction d'un dense réseau de canaux navigables. Bien que son influence entraîne les autres communes lombardes à s'allier contre la volonté d'expansion des empereurs Hohenstaufen, Milan est lourdement défaite à deux reprises par l'armée impériale, avant de la vaincre à son tour en 1176. Cette instabilité conduit les communes à confier leur gouvernement à des seigneurs. Le règne des familles Visconti (1277-1447) et Sforza (1447-1500) marque une des époques les plus florissantes dans l'histoire de la ville qui devient la capitale d'un duché au rayonnement culturel et artistique de premier plan.

Trois siècles de domination étrangère. En 1500, Lodovico Sforza trahi ne peut empêcher la prise de Milan par les troupes de Louis XII de France. La ville disputée entre Français et Espagnols passe en peu de temps sous l'emprise de Charles Quint. De 1535 à 1713 les Espagnols dominent et oppressent les Milanais. Des épidémies de peste renforcent le désarroi de la population. Par le traité d'Utrecht en 1713, Milan est cédée aux Autrichiens. L'action réformatrice de Marie-Thérèse (1740-1780) et celle de son fils Joseph II (1780-1790) signent le début d'une renaissance économique et culturelle. L'épisode napoléonien (1796-1815) bien que bref aura un impact considérable sur l'éveil d'une conscience nationale parmi les Milanais.

© ALPKHAN

Le musée Galleria Vittorio Emanuele II.

Vers l'unité d'Italie. Le gouvernement répressif des Autrichiens ne fait que nourrir la volonté d'indépendance des Milanais. En 1848, lors des « Cinq Journées de Milan », la population insurgée chasse le général Radestzky. Il faudra encore dix ans pour que Victor-Emmanuel II de Savoie et Napoléon III rentrent triomphalement à Milan en 1859. Le sort de Milan suivra désormais le parcours du royaume d'Italie. La ville s'affirme en tant que capitale économique et industrielle du royaume. Une puissante bourgeoisie impose son leadership. L'industrie du luxe prend de l'essor et Milan devient capitale du goût en s'affranchissant des diktats parisiens. L'Exposition universelle de 1906 marque l'apogée de cette époque.

Le XXe siècle. La Grande Guerre brise cet élan. Profitant de l'instabilité politique, Mussolini fonde en 1919 à Milan les *Fasci di Combattimento* qui mèneront à l'instauration de la dictature fasciste en 1925. Détruite par la guerre et les bombardements, théâtre d'une résistance militaire et civile courageuse, Milan sort meurtrie du second conflit mondial. Cependant le boom industriel des années 1950 favorise la reprise de la croissance, grâce notamment à la foire commerciale. Pourtant les inégalités sociales et la forte immigration venue d'Italie du Sud créent des tensions et rivalités politiques. Le terrorisme mené par les Brigades rouges et la répression qui s'ensuit favorisent l'émergence de partis extrémistes comme la Lega Nord. Les années 1990 sont marquées par le scandale de *Tangentopoli* et l'opération « Mains propres » dévoile un système politique corrompu. La réponse à l'écroulement de toute une classe politique sera l'arrivée de Silvio Berlusconi au pouvoir et une gestion administrative de la droite à la tête de la ville pendant près de vingt ans. La victoire en 2011 du dernier maire Giuliano Pisapia marque le retour de la gauche au pouvoir.

La nouvelle municipalité a été confrontée à un contexte économique difficile, ainsi qu'à une réalité sociale complexe, marquée par une immigration toujours plus importante. Autant de défis qui restent aujourd'hui d'actualité. Enfin, en 2015 Milan a été au cœur de la scène internationale : l'Exposition universelle sur le thème « Nourrir la planète, énergie pour la vie » a compté plus de 21 millions de visiteurs. Un dynamisme culturel qui ne s'essouffle pas au vu des nombreuses expositions organisées chaque année dans la ville.

POINTS D'INTÉRÊT

DUOMO

Avec la Scala et le *panettone*, le Duomo et sa *Madonnina* sont les symboles de Milan. Témoignage religieux des Milanais, la cathédrale plonge ses racines dans l'histoire chrétienne de la ville. Difficile de ne pas être saisi d'admiration en arrivant sur la place du même nom. En contemplant cette construction aux reflets blanc et rose du marbre de Candoglia, nombreux sont ceux qui la comparent à une immense confiserie. Pour la savourer pleinement il vous faudra la découvrir de face, de l'intérieur et depuis ses hauteurs.

Une entreprise éternelle. La construction du Duomo a traversé les siècles. Et encore, il est difficile de déterminer le jour exact où les Milanais ont pu prononcer le nom « Fin » puisque aucune inauguration officielle n'a jamais eu lieu. De la première pierre posée en 1386 à la dernière en 1813, six siècles se sont écoulés. L'édifice s'élève à l'emplacement de celui qui était le centre religieux chrétien de la ville depuis le Xe siècle. C'est le duc Gian Galeazzo Visconti qui en décrète la construction. Souverain en phase avec son temps, le duc souhaite que le Duomo se détache de la tradition architecturale du gothique lombard en brique, pour épouser celle des cathédrales gothiques du nord de

Castello Sforzesco.

l'Europe. Démarche aussi bien politique qu'artistique, qui marque la volonté du duché de Milan de s'associer aux puissances politiques européennes. Depuis à chaque époque, les gouverneurs de Milan ont poursuivi cette entreprise titanesque qui pierre après pierre édifiait la cathédrale. Sous les Sforza (1450-1520) la coupole est terminée et de splendides vitraux sont montés. Au XVIIe siècle les archevêques Carlo et Federico Borromeo, grandes personnalités de l'Eglise, appliquent les instructions de la Contre-Réforme. Presbytère, chapelles latérales, chœur sculpté et un cycle de grandes toiles représentant la vie de Carlo Borromeo béatifié, prennent place à leur tour au sein de l'immense construction. Par la suite Espagnols et Autrichiens s'appliqueront à nourrir une statuaire foisonnante, dont la célèbre statue dorée de la Vierge la *Madonnina*, posée en 1774 à plus de 100 m de hauteur. Au XIXe siècle le décor s'enrichit encore et la façade est enfin terminée. Mais aussitôt les travaux d'entretien commencent. Une véritable entreprise pourvue à cet effet par Gian Galeazzo Visconti se charge depuis 1387, du bon entretien de la cathédrale et de sa gestion. La *Veneranda Fabbrica del Duomo* (l'estimable entreprise du Dôme), active encore de nos jours, est une administration efficace et scrupuleuse qui est en charge des travaux de restauration, des visites et de l'accès aux terrasses. Considéré souvent comme un exemple réussi de style néogothique, le Dôme en réalité est un mélange de styles différents harmonieusement fusionnés entre eux. Dédié à Marie Naissante, l'édifice est depuis ses origines recouvert de marbre de Candoglia (Lac Majeur). Le marbre règne aussi à l'intérieur où une véritable forêt de 52 pilastres surgit puissante du pavement.

- **Une forêt de marbre**. Pour bien apprécier le Duomo, plus que rentrer à l'intérieur il faut monter sur ses terrasses. En ascenseur ou à pied pour les plus sportifs, l'expérience est kaléidoscopique. Arrivés tout en haut, vous vous trouverez entourés par une forêt de marbre. Parmi les 3 400 statues, les experts s'amuseront à reconnaître ici un saint, là un évêque et là encore un prélat et tout autre genre de personnage de l'histoire de l'Eglise et des Ecritures. Les styles s'y mélangent : romantiques, néoclassiques ou Art déco, l'effet reste toujours des plus grandioses. De là Milan semble immense, magnifique. On dirait presque que le Duomo a été construit pour contempler la ville de son sommet.

LE DÔME EN CHIFFRES

- **Hauteur de la Madonnina :** 4,16 m
- **Hauteur de la Madonnina du sol :** 108, 50 m
- **Hauteur de la nef principale :** 45 m
- **Largeur des cinq nefs :** 57,60 m
- **Superficie interne :** 11.700 m²
- **Colonnes internes :** 52
- **Diamètre des colonnes :** 3,40 m
- **Nombre de statues :** 3 400
- **Nombre de flèches :** 145

Le parvis de la place du Dôme est depuis toujours le cadre privilégié de manifestations populaires, de commerces fructueux et de grands rassemblements. Déjà autrefois, une file interminable de charpentiers, de sculpteurs, de forgerons et d'autres artistes attendaient, chaque jour, patiemment l'éventualité d'être employés dans la grande entreprise de construction. La *Veneranda Fabbrica* eut beaucoup de mal à déloger le traditionnel marché aux poissons qui se tenait derrière la sacristie. Saltimbanques, comédiens et ménestrels se produisaient devant la foule à l'ombre des statues. Les choses n'ont pas beaucoup changé aujourd'hui et sur ce parvis tout peut arriver ! Spectacles de musiques, défilés de carnaval, assemblées politiques, forêt de sapins de Noël...

DUOMO DI MILANO (CATHÉDRALE DE MILAN) ★★★★

Piazza del Duomo, 12
✆ +39 02 7202 2656
www.duomomilano.it
info@duomomilano.it
M1, M3 Duomo.
Ouvert tous les jours de 9h-18h en été, de 9h30 à 16h30 l'hiver (9h-17h les week-ends et jours fériés). Entrée Duomo : 3 €. Terrasses ouvertes de 9h à 19h. Plein tarif : 14 € par ascenseur, 10 € à pied.

SANTA MARIA DELLE GRAZIE ET CENACOLO VINCIANO

Difficile de croire que le paisible et élégant quartier résidentiel de Sant'Ambrogio abrite un des plus grands chefs-d'œuvre au monde, si ce n'est le plus grand – que les partisans de *La Joconde* ne s'offusquent pas : *La Cène* de Léonard de Vinci. Mais avant de partir en méditation devant la célèbre fresque le temps du quart d'heure de routine accordé à chaque groupe de visiteurs, attardez-vous sur Santa Maria delle Grazie, fleuron de l'architecture Renaissance lombarde.

Un complexe à la gloire des Sforza. C'est une nouvelle leçon de style Renaissance que Bramante apporte à l'art lombard en édifiant la tribune de cette église en 1492, sur commande de Ludovico il Moro, seigneur de Milan et grand mécène. Erigé sur les bases d'un précédent édifice construit par l'architecte Guinforte Solari (1466-1490), cet ensemble conventuel devait devenir le mausolée des Sforza. De fait seule Beatrice d'Este, épouse de Ludovico, y fut ensevelie en 1497, faute d'argent de la part des commanditaires. La symbolique des roues et des soleils rayonnants omniprésente aussi bien à l'intérieur qu'à l'extérieur renvoie à l'iconographie liée à la puissante famille, comme d'usage à l'époque. En passant par la sacristie on accède à un petit cloître où l'on dirait que le temps s'est écoulé moins vite. Attribué aussi à Bramante, un calme « religieux » se dégage de ce lieu où tout est harmonie. Les jeux des volumes et une riche décoration confèrent un caractère unique et grandiose à cet ensemble conventuel. La symbolique des roues se poursuit à l'intérieur. Parois et voûtes sont presque entièrement décorées, tandis que la lumière joue sur la savante distribution de volumes qui modèlent l'espace.

Leonardo's code. Au-delà de l'interprétation ésotérique que Dan

Le Dôme de Milan.

Brown a voulu attribuer à cette fresque décolorée dans son best-seller planétaire *Da Vinci Code*, *La Cène* de Léonard de Vinci est avant tout un symbole. Dans un premier temps, symbole de la perfection reproductive d'un univers géométrique et psychologique et dans un second temps, symbole de la force de résistance de l'art face aux adversités de l'histoire. Toujours sur commission de Ludovico il Moro, l'artiste réalise la fresque entre 1494 et 1498. Génie incontesté, Léonard, qui en avait toutes les caractéristiques, se fit attendre, et mit un temps considérable à terminer son travail. Une fois achevé, il s'aperçut malheureusement trop tard que la détrempe employée pour la peinture se conservait très mal. Ainsi aussitôt la fresque terminée les travaux de restauration commençaient. Le dernier de 1977 à 1999 a enfin permis de rendre visible ce qui n'était plus qu'une ombre.

Malgré ces problèmes de conservation, l'iconographie est une des plus célèbres et des mieux assimilées par l'imaginaire collectif occidental : le moment où Jésus annonce qu'il sera trahi par un de ses apôtres (Jean 13 v. 21- 26). L'unité de *La Cène* tient au fait que Léonard en modifie profondément l'iconographie traditionnelle pour aller à la recherche d'une interprétation plus profonde. L'artiste représente ici non seulement un repas au Ier siècle ap. J.-C. mais l'intimité psychologique de chacun des personnages. Ce que lui-même définit comme « *i moti dell'animo* » (les mouvements de l'âme).

Ainsi en contemplant la scène on a l'impression de suivre l'écho de la voix du Christ qui, comme une onde, se propage du centre vers les extrémités. Difficile de ne pas être saisi par une sensation d'émerveillement mêlée de désarroi presque comme les apôtres.

© PHILIPPE GUERSAN – AUTHOR'S IMAGE

Santa Maria delle Grazie.

BASILICA SANTA MARIA DELLE GRAZIE – CENACOLO VINCIANO (LA CÈNE DE LÉONARD DE VINCI) ★★★

Piazza Santa Maria delle Grazie, 2
✆ +39 02 9280 0360
legraziemilano.it
M1, M2 Cadorna.
Eglise du lundi au samedi de 7h à 12h55 et de 15h à 19h30, dimanche et jours fériés de 7h30 à 12h30 et de 15h30 à 21h.Visite de La Cène uniquement sur réservation (15 jours d'avance minimum) du mardi au dimanche de 8h15 à 19h. Entrée 10 €, réduit 5 €.

TEATRO ALLA SCALA

Certains estiment que la rentrée ne commence réellement que le jour de l'ouverture de la saison musicale à la Scala, le 7 décembre à l'occasion de la fête de Saint Ambroise, saint patron de la ville. Ce temple sacré de la musique lyrique, entièrement restauré en 2004, représente d'une certaine manière, l'âme et l'orgueil des Milanais depuis trois siècles. « Spectacle de gala, dames en décolleté, le tout Milan est là en grande soirée », disait une chanson célèbre dans les années 1950, pour décrire l'ambiance des soirées à la Scala où on se rendait pour voir et pour être vu. Rien n'a changé depuis, ne serait-ce qu'aujourd'hui voir un spectacle dans le brillant théâtre est plus accessible (du moins du haut du poulailler). C'est à l'impératrice Marie-Thérèse que l'on doit la construction du célèbre théâtre, pour remplacer celui de Palazzo Reale victime d'un incendie. Edifiée sur les plans de l'architecte Giuseppe Piermarini entre 1776 et 1778, la Scala s'élève à l'emplacement d'une précédente église du XIVe siècle dédiée à Santa Maria alla Scala. Pour avoir une vision réaliste de ce qu'était le bâtiment lors de son inauguration, il faudrait imaginer la Scala donnant non sur la vaste place qui s'étend aujourd'hui entre le Théâtre et la mairie, mais donnant sur un boulevard relativement étroit, ce qui en magnifiait ses proportions. Une construction aussi rapide (seulement deux ans) peut s'expliquer par le fait que son financement fut en partie assuré par les familles aristocrates les plus influentes de Milan. Chaque grande famille se devait de posséder une loge, élément indispensable à l'art de vivre mondain de l'époque, tradition qui par ailleurs se poursuit encore de nos jours, bien qu'un impératif de ce genre soit devenu moins catégorique. Les loges de l'époque étaient de véritables petits salons mondains où l'on pouvait recevoir ses connaissances, jouer au cartes et même dîner, tout cela pendant les représentations ! Une conception radicalement différente de notre manière contemporaine de se rendre à l'opéra.

Dès son inauguration, le Théâtre a su s'élever au rang des grands centres culturels européens. Derrière une façade d'un néoclassicisme élégant mais sobre, se cachent des intérieurs d'un faste harmonieux. Tapissé de damas rouge dans les loges, les boiseries dorées reflètent le scintillement d'un lampadaire de conte de fées, tandis qu'un gracieux cadran horaire indique le temps qui passe au-dessus de la scène. En 1778, en effet, un des aspects les plus intéressants du nouveau théâtre résidait dans la nouvelle conception de son intérieur : cinq rangées de loges et un poulailler, un plafond en bois avec une acoustique exceptionnelle, teintures de velours et peintures décoratives dessinées par le peintre Giocondo Albertolli. Après les travaux de restauration de 2004, la Scala peut accueillir aujourd'hui 2 240 spectateurs.

A l'affiche. L'édifice mythique, temple de la musique lyrique depuis trois siècles, n'a pas seulement accueilli de grands interprètes comme Maria Callas, Luciano Pavarotti, José Carrara ou Placido Domingo, mais est aussi le royaume de chefs d'orchestre, compositeurs et réalisateurs comme Giorgio Strehler, Giuseppe Verdi et Riccardo Muti. La Scala est également un lieu renommé pour le ballet. Roland Petit et Maurice Béjart y ont travaillé.

Le Musée. Si vous n'avez pas la chance de pouvoir assister à une prestigieuse représentation, une visite au Musée est en revanche incontournable. L'entrée vous permettra de visiter une loge d'où vous pourrez admirer l'ensemble du cadre. Fondé en 1913 dans les salles annexes au Théâtre, le parcours du musée vous emmènera à la découverte de l'histoire de la Scala à travers une riche collection. Au-delà des témoignages historiques, une documentation détaillée et anecdotique illustre le passé glorieux du temple de l'art lyrique italien. On vibre devant le « miracle verdien », le « phénomène Callas » et devant une collection d'objets fascinants qui vous feront revivre la vie à l'opéra au XIXe siècle.

VIVA VERDI !

Giuseppe Verdi (1813-1901) vécut à Milan une grande partie de sa vie. En Italie, Verdi est considéré non seulement comme un grand musicien, mais aussi comme l'un des symboles du Risorgimento. L'opéra *Nabucco*, représenté pour la première fois au théâtre de la Scala, fut considéré par les Italiens comme le manifeste de la cause nationale. Le nom de Verdi devint un signe de ralliement pour la lutte contre les Autrichiens. Ainsi, sur les murs de Milan, on pouvait lire : « *Viva VERDI* », soit « *Viva Vittorio Emanuele Re d'Italia* ».

© POSZTOS – SHUTTERSTOCK.COM

Museo Teatrale Alla Scala.

MUSEO TEATRALE ALLA SCALA ★★

Largo Ghiringhelli, 1
✆ +39 02 8879 2473
www.museoscala.org
museoscala@fondazionelascala.it
M1 et M3 Duomo.
Ouvert tous les jours de 9h à 17h30. Entrée 9 €, réduit 6 €.
Un parcours époustouflant à travers une documentation importante de l'histoire de la Scala et de celle, plus générale, du théâtre à travers les âges.

CASTELLO SFORZESCO

Souvent présenté comme le principal édifice Renaissance de Milan, le Castello Sforzesco est dans sa forme actuelle, davantage un brillant exemplaire de reconstitution éclectique qu'un témoignage original d'architecture chevaleresque. « *Il Castello* » comme l'appellent familièrement les Milanais a traversé, tout comme le Duomo, les vicissitudes de l'histoire de Milan pendant sept siècles. La savante entreprise de restauration advenue entre le XIXe et le XXe siècle nous permet aujourd'hui de revivre quelque peu les fastes de l'époque ducale.

Les vicissitudes d'un château. Avec sa masse imposante, le Castello Sforzesco a été tout au long de son histoire l'exceptionnel témoin à la fois des temps glorieux et des moments dramatiques de l'histoire de Milan. Voulu par Gian Galeazzo Visconti en tant que forteresse défensive en 1360, c'est sous la seigneurie des Sforza (1447-1500) que le Castello devient le cadre élégant d'une des cours les plus fastueuses d'Europe. Pourtant le complexe perd rapidement son aspect de résidence ducale pour assumer les fonctions de forteresse militaire. Du XVIe au XIXe siècle, les Espagnols, Autrichiens, Français, mais aussi de nombreux pillages de la part de la population milanaise contribuent à dégrader l'état de conservation du château et à en perdre à jamais grand nombre de décors. Ce n'est qu'en

1905, après douze ans de travaux, que l'architecte Luca Beltrami restaure la forteresse selon les plans d'origine en la transformant ainsi en un haut lieu de culture. Une sensation d'émerveillement saisit le visiteur qui franchit la Tour du Filarete pour rejoindre la Place d'Arme. Mal connu, rien ne laisserait imaginer qu'au cœur de Milan un château fort aux dimensions si imposantes cache de si vastes espaces. Et si l'on peut déplorer la perte de la majorité des fresques, du mobilier et de la statuaire qui ornaient cette construction à l'époque fastueuse des Ducs de Milan, la Fauconnerie, le parterre d'eau de la Cour ducale, les plafonds recouverts de lierre peints par Léonard de Vinci dans la *Sala delle Asse* et la Chapelle ducale nous laissent imaginer le raffinement qui régnait dans cette demeure.

Un château pour les Milanais. Le Castello Sforzesco, cher aux Milanais et apprécié par les touristes du monde entier, est non seulement un édifice grandiose, mais aussi un écrin de véritables chefs-d'œuvre. Son pôle muséal riche de sept musées, quatre bibliothèques et d'une archive photographique est l'un des plus vastes d'Italie du Nord. Que vous aimiez la peinture ancienne, les Antiquités égyptiennes, les instruments de musique ou la céramique, vous ne serez pas déçus.

Musée d'Art antique. 2 000 pièces de sculptures. Parmi elles la sublime *Pietà Rondanini* de Michel-Ange.

Pinacothèque. Très belle collection, contenant des œuvres de Mantegna, Bellini, Bembo, Foppa, Bronzino, Caravaggio, Guardi et d'autres grands noms de la peinture italienne.

Musée archéologique. Un parcours à travers la collection de vestiges préhistoriques et égyptiens.

Musée des Arts décoratifs. Echappé aux destructions et aux pillages, un bel ensemble de céramiques, d'argenterie, d'ivoires, d'émaux et d'autres précieux objets d'art. A signaler : les *Tapisseries Trivulzio* (1503) chefs-d'œuvre des métiers du tissage.

Musée des Instruments de musique. Un des plus riches d'Europe.

Musée du Mobilier. Incontournable à Milan, ce musée retrace l'histoire du mobilier des Sforza au design.

LA MYSTÉRIEUSE PIETÀ RONDANINI

La ville de Milan conserve depuis 1952 au Castello Sforzesco, la dernière sculpture de Michel-Ange Buonarroti. Une œuvre inachevée au moment de la mort de l'artiste (1564) qui a emporté avec lui le mystère de sa création. Michel-Ange travailla sur ce bloc de marbre pendant près de dix ans. Son intention était-elle de représenter à la fois la mort et la résurrection du Christ ? Sculptés presque comme s'il s'agissait d'un seul personnage, les deux corps font ici un seul bloc : la Vierge se tient debout, soutenant le corps inanimé de son de son fils Jésus Christ. Les deux figures allongées, presque filiformes sont ici bien loin de la Pietà du même auteur, aux formes plus robustes, conservée à la basilique Saint-Pierre de Rome. L'intensité dramatique du rapport entre la Mère et le Fils, révèle le sens profond du religieux de Michel-Ange.

© PHILIPPE GUERSAN – AUTHOR'S IMAGE

Castello Sforzesco.

CASTELLO SFORZESCO (CHÂTEAU DES SFORZA) ★★★

Piazza Castello, 1
✆ +39 02 8846 3700
www.milanocastello.it
M1 Cairoli, bus 18, 50, 37, 58, 61, 94, tram 1, 2, 4, 12, 14, 19
Cour : tous les jours de 7h à 19h30. Entrée libre. Musées : du mardi au dimanche 9h-17h30. Entrée pour les musées : 10 €. Gratuit tous les premier et troisième mardis dès 14h.

GALLERIA VITTORIO EMANUELE II

Impensable au XIXe siècle que Milan ne possède pas sa galerie vitrée ! Aussi imposante que le Crystal Palace londonien ou que le Grand Palais des Champs-Elysées, et pourtant si légère, cette architecture de verre et de fer fut construite entre 1867 et 1877 et dédiée à l'unificateur d'Italie, le roi Victor Emmanuel II de Savoie. L'architecte Giuseppe Mengoni, grand perfectionniste, y trouva même la mort, alors qu'il était monté tout en haut d'un échafaudage pour vérifier les travaux. Une enfilade de *fashion store*, de librairies et de cafés plus ou moins d'époque, en font encore aujourd'hui un pôle d'attraction mondain et commercial appelé affectueusement « le salon de Milan ». Arrêtez-vous le temps d'un café au Camparino in Galleria, à l'angle avec la place du Duomo, qui a conservé son décor Belle Epoque, ou bien à la boutique historique de Prada, où une extraordinaire collection de cannes et de peignes anciens est exposée à l'entrée. Un peu plus loin vous vous laisserez peut-être tenter par un des célèbres chapeaux en feutre de Borsalino, le must depuis 1860, avant de revenir piétiner la mosaïque du taureau avec votre talon. On raconte que cela porterait bonheur…
Une récente rénovation permet désormais aux visiteurs de monter sur le toit, pour une promenade longue de 250 m tout autour du dernier étage de la Galleria. Vue plongeante sur un panorama urbain tout à fait dépaysant.

Castello Sforzesco.

GALLERIA VITTORIO EMANUELE II (GALERIE VICTOR EMMANUEL II) ★★

Galleria Vittorio Emanuele II
Accès au toit : Via Pellico, 2
M1, M3 Duomo.

NAVIGLI ET DARSENA

Insolite et surprenant, deux adjectifs pour caractériser ce quartier du sud-ouest de Milan où on dirait que le temps s'est écoulé plus doucement qu'ailleurs. Ces anciens canaux traversaient autrefois la ville entière. Réduits aujourd'hui à longer deux rues, ils exercent un contraste fascinant avec leur environnement. En vous y promenant vous serez surpris du calme provincial qui s'en dégage. Alors que le Naviglio Pavese a quelque peu perdu son aspect évocateur, le Naviglio Grande offre un paysage urbain des plus pittoresques. On y aperçoit encore la tonnelle des lavandières et les habitations caractéristiques aux balustrades fleuries (*case di ringhiera*), jadis logements populaires et aujourd'hui extrêmement prisées. Difficile de croire que jusqu'au début du siècle dernier existait un Milan portuaire.

Depuis la darse, à l'extrémité du Corso di Porta Ticinese, le « système Navigli » reliait Milan à Pavie et au lac Majeur. De ce dispositif ne restent aujourd'hui que trois canaux : le Naviglio Grande (50 km), le Naviglio Pavese (33 km) et le Naviglio della Martesana (38 km) – ce dernier au nord de la ville. Il s'agit d'une œuvre d'ingénierie civile parmi les plus remarquables du Moyen Age italien, dont Léonard de Vinci a conçu le système des écluses qui rendaient les canaux navigables. Rapidement, les Navigli s'imposèrent comme la voie privilégiée pour le transport des biens et des personnes. Le développement des moyens de transport modernes a conduit à recouvrir définitivement la majorité des canaux à la fin des années 1930.

À l'occasion de l'Exposition universelle de 2015, l'ancienne darse a fait l'objet d'importants travaux de réaménagement ; l'étonnant paysage urbain a été

Galleria Vittorio Emanuele II.

transformé en un haut lieu de promenade milanais. Ainsi, Milan possède désormais ses « quais » où il fait bon se balader et prendre un verre tout au long de la journée.

QUADRILATERO DELLA MODA

En débouchant sur la place de la Scala, vous vous trouvez à l'orée du Quadrilatère de la Mode, ou Carré d'or. On lui attribue ce statut « doré » en raison de l'exclusivité des commerces que l'on trouve à l'intérieur de son périmètre délimité par Via Manzoni, Via della Spiga, Corso Venezia e Via Montenapoleone. Vous l'aurez compris, vous êtes au cœur du Milan fashion, et si le défi est difficilement relevable par votre portefeuille, le circuit s'impose tout de même, ne serait-ce que par pure curiosité ou par simple recherche d'inspiration. Tout au long de ces rues bordées d'aristocratiques palais anciens, la mode des podiums va se matérialiser sous vos yeux. Giorgio Armani, Valentino, Versace, Bulgari, Tod's, Gucci, Prada, Dolce e Gabbana et toutes les plus grandes enseignes de la haute couture italienne et internationale s'y rassemblent. La mode s'est transformée en business à Milan dans les années 1980 lorsque ces grands noms de l'élégance italienne ont développé leurs activités et fait de la capitale lombarde leur quartier général. Mais le seul parmi ces créateurs à avoir maintenu un lien étroit avec Milan est Giorgio Armani, le roi des stylistes selon beaucoup de Milanais.
Le Quadrilatère de la Mode est particulièrement animé lors des « Fashion Week » (septembre et janvier) et du Salon international du meuble, quand mannequins, designers, VIP et acheteurs du monde entier se donnent rendez-vous à Milan.

PINACOTECA DI BRERA

Les Milanais ne se lassent jamais de déambuler dans les vastes salles de leur pinacothèque. Mondialement connue pour la richesse de ses collections, Brera est également un centre d'art et de science accueillant l'Ecole des beaux-arts et la Bibliothèque nationale d'art, un observatoire, un musée astronomique et un jardin botanique. Plus de 400 œuvres d'artistes lombards et italiens recouvrant une vaste période (du XIVe au XXe siècle) sont réparties de manière chronologique dans 38 salles. *Le Christ mort* de Mantegna, *La Vierge à l'Enfant et Saints* de Piero della Francesca, *Le Mariage de la Vierge* de Raphaël, ne sont que certains chefs-d'œuvre parmi tous ceux qui sont conservés ici. Pour preuve, Rembrandt et quelques peintres flamands répondent également à l'appel.
La visite de cette pinacothèque est également l'occasion de regarder les restaurateurs travailler dans une réserve à la température surveillée, protégée par des parois vitrées.
L'édifice construit en majorité entre le XVIIIe et le XIXe siècle, ancien couvent des Jésuites, doit son aspect actuel aux grands architectes milanais Ricchini et par la suite Piermarini. Au milieu de la cour centrale une statue de Bonaparte en Mars pacificateur (1809) vous souhaite la bienvenue. Enfin, un détail assez surprenant : la pinacothèque survit aujourd'hui partiellement grâce aux recettes du jeu du Loto !

PINACOTHÈQUE DE BRERA ★★★

Via Brera, 28 ✆ +39 02 722 631
www.pinacotecabrera.org
pin-br@beniculturali.it
M2 Lanza, M1 Montenapoleone.
Trams 1, 4, 8, 12, 14, 27.
Du mardi au dimanche de 8h30 à 19h15 (le jeudi, jusqu'à 22h15). Entrée 15 €, réduit 10 €. Tous les premiers jeudis du mois de 18h à 22h15, entrée à 3 €. Gratuit tous les premiers dimanches du mois.

APERITIVO ALLA MILANESE

Si Turin, Gênes et Milan se disputent la paternité de cette joyeuse coutume, c'est pourtant à Milan que l'*happy hour*, ou *aperitivo* comme on dit ici, est devenue une institution. Entre 18h et 21h environ, dans presque tous les bars et les cafés de la ville, vous pourrez prendre part à ce rituel mondain que les Milanais expérimentent le soir après le travail ou le dimanche avant d'aller au cinéma. Alternative heureuse et détendue au dîner à table, l'*aperitivo* se résume en des boissons vendues à un prix unique (5-12 €) accompagnée par un copieux buffet servi à volonté et à discrétion. Dès 18h, les comptoirs se couvrent de mets en tout genre. Du plus raffiné avec tartines de saumon fumé et canapés à la truffe, au plus rustique avec plats de charcuterie, *focacce*, et *pasta*, l'*aperitivo alla milanese* se décline sous toutes ses formes. Touristes, clubbers, étudiants ou bien encore jeunes managers se retrouveront tous à l'heure de l'apéro pour siroter un verre de *prosecco* ou un cocktail plus ou moins alcoolisé au comptoir de quelque bar glamour. Certains bars excellent dans l'art des cocktails proposant des daïquiri frozen et des mojitos à tomber, quand il ne s'agit pas de créations personnelles extravagantes (et bien corsées ! attention si vous devez reprendre le volant). Mais les Milanais en bons traditionalistes aiment tout simplement le bon vin (très bon vin !) ; ainsi œnothèques et bars à vins ont rapidement adopté eux aussi la tradition de l'*happy hour*. Plus originales encore, boulangeries

Pinacoteca di Brera.

© PHILIPPE GUERSAN – AUTHOR'S IMAGE

Aperitivo alla milanese.

et poissonneries proposent souvent la même formule. Votre appétit sera alors joyeusement ouvert par des milliers de petits délices tels que des pâtisseries salées ou, très à la mode, des sortes de sushis à l'italienne. Un must à ne pas manquer !

TRIENNALE DESIGN MUSEUM

Plus qu'un musée traditionnel, la Triennale est un vrai laboratoire des tendances qui essaye de répondre à l'épineuse question déontologique : « Qu'est-ce que le design italien ? » Une vocation qui s'est affinée avec l'ouverture du musée du Design en 2007, alors que l'ensemble du complexe de la Triennale avait déjà construit sa réputation depuis les années 1930, en tant que centre de promotion et de recherche dans les secteurs de l'architecture, de l'urbanisme, des arts décoratifs, de l'artisanat, de la mode et de la communication audiovisuelle. Sur une surface d'environ 2 000 m^2, le musée raconte et représente l'histoire du design italien, à travers différentes interprétations. Siège régulier d'expositions stimulantes, avant-gardistes et branchées, la collection permanente s'affiche quant à elle de manière dynamique et évolutive. Les objets exposés changent continuellement offrant au visiteur un point de vue chaque fois différent. Des pièces de grands créateurs comme Sotsass, Castiglioni ou Pesci illustrent l'hétérogénéité du design italien dans ses aspects les plus expérimentaux ou bien avec les valeurs sûres des grands classiques comme le siège gonflable *Blow* (1967) de Donato d'Urbin, Jonathan des Pas et Paolo Lomazzi, la chaise *April 2120* (1971) aux lignes sobres et élégantes de Gae Aulenti ou encore la table *AT13070R* (1956) de Paolo Tilche.

TRIENNALE DESIGN MUSEUM ★★
Viale Alemagna, 6
✆ +39 02 724 341
www.triennale.it – info@triennale.org
M1, M2 Cadorna. Bus 61.
Du mardi au dimanche 10h30-20h30.
Entrée 10 €, réduit 8,50 €.

GASTRONOMIA MILANESE

Pour que le visiteur qui découvre pour la première fois Milan ne cantonne pas son expérience de la gastronomie italienne aux seules pâtes et pizzas, voici ce qu'il faut savoir.

Milan peut se vanter de posséder une tradition culinaire séculaire, dont les saveurs originales se distinguent nettement des recettes du reste de l'Italie. Les spécialités locales comme le *risotto* au safran, l'*ossobuco* ou le *panettone* font désormais partie du patrimoine culinaire local, sinon national.

Gualtiero Marchesi, grand chef étoilé d'origine milanaise (1930), a été l'un des premiers ambassadeurs de ce terroir unique à l'étranger. Avis donc aux amateurs : le shopping à Milan n'est pas uniquement restreint aux boutiques de mode, mais aussi aux gourmandises et aux spécialités gastronomiques. Huile d'olive, fromage, charcuterie, pâtes fraîches, conserves et sucreries... Voici de quoi remplir vos paniers par exemple le long de Via Spadari, dans l'une de ces épiceries fines auxquelles Fauchon, Hédiard et Le Nôtre n'ont rien à envier. Des confiseurs de grand talent comme Galli et Cova sauront vous remplir de douceurs. Et si vous visitez Milan en période de Noël ou de Pâques, n'oubliez pas de vous arrêter dans l'une des appétissantes boulangeries pour vous régaler d'un *panettone* ou d'une colombe briochée.

STADIO SAN SIRO

« La Scala du football » ainsi appelle-t-on familièrement ce stade historique, qui occupe une place si grande dans le quotidien des Milanais.

Construit en 1926 et plusieurs fois agrandi, le Stade San Siro du nom du quartier de Milan où il se trouve fut dédié en 1980 à Giuseppe Meazza, champion de l'Inter dans les années 1930. Sa capacité d'accueil de 85 700 spectateurs en fait l'un des stades les plus grands d'Europe. Théâtre de joies et de tragédies, les supporters y suivent le cœur battant, chaque week-end de septembre à mai, les exploits de leurs héros du Milan AC et du FC International (l'Inter). Assister à un match pour vivre de près l'ambiance délirante des Milanais déchaînés peut largement justifier une visite. On apprécie les chants des deux camps des supporters, parfois moqueurs ou parfois incitatifs, mais solidement installés dans la culture populaire milanaise. Les violences y sont rares, bien que les épisodes de tensions ne manquent pas. Et si vraiment vous n'êtes pas fan de foot, vous pouvez saisir l'occasion de visiter cet endroit lors d'un concert. Les Rolling Stones, Laura Pausini, Madonna et d'autres se sont exhibés ici.

Pour les vrais fans, le Musée Inter & Milan vous plonge dans l'ambiance des matchs et expose une collection de plus de 3 000 pièces et reliques appartenant à l'histoire des deux mythiques équipes milanaises. On accède ensuite à la tribune rouge, à la tribune de la presse et à celle de la radiotélévision et, enfin, à la tribune des VIP ! On visite ensuite la salle antidoping et les vestiaires des joueurs, pour arriver sur le terrain (ou presque, car ne pensez pas effleurer la précieuse pelouse !).

STADIO SAN SIRO ET MUSÉE INTER & MILAN ★★

Stade San Siro, Via Piccolomini 5, grille 14
✆ +39 02 404 2432
www.sansiro.net
M1 De Angeli

Ouvert tous les jours de 9h30 à 17h (l'été 18h). Entrée musée + tour du stade : 18 €, tarif réduit : 12 €.

RESTO

C'est officiel : en Italie on mange bien... Le régime méditerranéen est non seulement réputé pour sa diététique mais aussi pour la qualité de ses produits et le bouquet de saveurs proposées. Parmi toutes les villes d'Italie, Milan n'a sûrement pas la prétention d'être la capitale de la gastronomie italienne, pourtant si la cuisine milanaise ne présente pas le raffinement de certaines de ses illustres voisines, les occasions de se délecter ne manqueront pas.

© STÉPHAN SZEREMETA

Beignets.

Le profil business et international de la ville a favorisé la naissance de centaines de restaurants qui proposent tous types de cuisine, capables de satisfaire tous les goûts : restaurants ethniques et internationaux, *trattorie* régionales où déguster les recettes traditionnelles d'autres régions d'Italie, restaurants végétariens, bars, cafés et boutiques gastronomiques où consommer un déjeuner léger et savoureux, bars à vin où passer une soirée en toute tranquillité et, bien sûr, un nombre incroyable de *pizzerie* dont certaines particulièrement créatives qui proposent des *pizze* hors de l'ordinaire.

EN DEHORS DES REPAS...

La convivialité des Milanais n'attend pas l'heure des repas pour se manifester. Petit déjeuner et apéritif sont deux moments sacrés de la journée que Milan a élevé au rang de liturgies quotidiennes.

Le matin dès 7h, un défilé continu de personnages de tous les âges et de tous les milieux se rendent au comptoir des cafés pour déguster *cappuccio e brioche* (un cappuccino et un croissant fourré à la crème, au chocolat ou à la confiture).

Le soir à partir de 19h *l'aperitivo alla milanese* est une institution que personne n'oserait manquer. Les comptoirs des bars se couvrent de charcuterie, fromages, *focacce*, *pizzette*, fritures, etc. Pour les petits budgets, c'est une bonne occasion pour dîner à petit prix, pour les autres, l'*aperitivo* est synonyme de branchitude et d'art de vivre.

Pour ceux qui au contraire sont à la recherche d'authenticité, la tradition milanaise offre certains plats plutôt caractéristiques qui encore aujourd'hui peuvent s'apprécier dans de nombreux restaurants et brasseries de quartier. Celles-ci proposent des recettes transmises de père en fils depuis des siècles. Par exemple la *cassoeula* (potée préparée avec des abats de cochon, des saucisses et du chou), le *risotto alla milanese* (au safran), la *orecchia d'elefante* ou côtelette de veau panée dite d'oreille d'éléphant, *l'ossobuco* (os à moelle) et la *busecca* (plat à base de tripes)... Sans oublier les desserts avec l'incontournable *panettone* de Noël, la colombe pascale, le sabayon avec ses biscuits à la cuillère et différentes autres spécialités. Souvenir du passage de Français ou bien habitude d'une terre au climat froid, le fait est que toutes ces recettes ne sont avares ni en beurre, ni en crème, ni en mascarpone.

Le plus haut pourcentage de restaurants de haut niveau se concentre dans le centre de la ville. Ici le raffinement de l'ambiance et la qualité du service sont proportionnels à l'addition finale. Pourtant c'est bien au cœur du vieux Milan que se nichent également les *trattorie* historiques qui ont vu passer toutes les guerres. A la cuisine plus recherchée des premiers, répondent les plats savoureux de la tradition milanaise et le cadre authentique et chaleureux des seconds.

Les quartiers plus périphériques réservent également de très bonnes surprises, du restaurant gastronomique excentré à un assortiment de brasseries de tous les genres où les prix sont souvent plus abordables.

SHOPPING

Milan regorge d'adresses qui se distinguent par un sens de l'innovation inégalable et par une créativité débor-

UN, DEUX, TROIS... À VOS SACS !

Si le design a déjà gagné le pari de descendre dans la rue lors de la semaine printanière du Salon international du meuble, la mode n'en est qu'à ses débuts. Phénomène business à la réputation élitiste et inaccessible, l'univers fashion milanais est pourtant sur la bonne voie de la démocratisation. Sans compter la période des soldes, la mode donne désormais un autre rendez-vous annuel dans la capitale lombarde. A ne pas rater si vous affectionnez les solutions shopping atypiques dans un contexte moins élitiste mais tout aussi glamour.

VOGUES FASHION'S NIGHT OUT

Début septembre.

Une nuit surréelle où la ville s'offre à vous, dans toute sa beauté et sa créativité : plus de 500 boutiques du centre-ville ouvertes jusqu'à 23h30 pour découvrir les dernières créations des stylistes italiens et étrangers. *Happenings* et animations sont partout.

dante. Les Milanais eux-mêmes n'en finissent pas de découvrir toujours plus de nouveautés dans leur quête éternelle à l'élégance. Si vous êtes de ceux qui guettent les nouvelles tendances, si vous aimez le mobilier design et l'art contemporain, mais si vous appréciez tout autant les antiquités, l'épicerie fine et les produits manufacturés par des artisans talentueux, Milan est alors pour vous un eldorado du shopping, un paradis de contrastes.

Capitale industrielle où la mode et le design jouent un rôle de premier plan, Milan fait frémir Paris et New York à chaque nouvelle collection. L'éventail de grands couturiers réunis dans le Quadrilatère de la Mode fait de Milan une étape incontournable pour toute fashion victim à l'affût d'un article pointu, que ce soit la dernière paire de chaussures de Ferragamo ou le it-bag de la saison signé Gucci. Tout au long de ces rues bordées d'augustes palais centenaires, le best of de la haute couture s'expose. Tous les grands noms y sont rassemblés. Tous ? Peut–être pas mais la liste des marques prestigieuses est longue.

Mis à part ces temples du shopping aux prix faramineux, les commerces du reste de la ville réservent des surprises sûrement plus abordables. Le quartier de Sant'Ambrogio par exemple recèle de boutiques parmi les plus belles et les plus bourgeoises de la ville, comme celles tout au long du Corso Magenta ou d'autres plus secrètes nichées dans les petites rues autour de la basilique. On y trouve facilement l'inspiration pour des achats de qualité, que vous soyez à la recherche d'articles tradtionnels de décoration, de bijoux ou d'habillement. Autour de Via Brera, au contraire, antiquaires, boutiques vintage et galeries d'art animent ce quartier d'artistes tranquille et silencieux. Quant au Corso Como et Corso Garibaldi on y trouve aussi bien des maisons de belle facture que des ateliers de jeunes créateurs branchés. Enfin Corso di Porta Ticinese, Via Torino, Corso Vittorio Emanuele, Corso Vercelli et Corso Buenos Aires alignent les enseignes classiques de la grande distribution.

Autant de balades au bout desquelles vous réaliserez rapidement que les Milanais ont trouvé l'alchimie alliant sens pratique et recherche exacerbée de style.

SORTIR

Quand on parle de nightlife milanaise, le sujet ne peut qu'être excitant. La question n'est pas de savoir si vous préférez les cafés cosy, les bars lounge au chic minimaliste, les boîtes de nuit endiablées ou les soirées à l'opéra mais plutôt comment vous allez pouvoir choisir parmi pareille offre.

Parmi la jeunesse (mais pas seulement) tout commence par l'apéro, ce rite que les Milanais adorent. C'est le moment où l'on se retrouve pour décider le cours que prendra la soirée. Ensuite l'ambiance va crescendo et finit selon les soirées, à des horaires plus ou moins tardifs. Désertée le week-end par les Milanais qui choisissent des destinations estivales comme les stations balnéaires branchées de la Ligurie, romantiques comme les villages pittoresques des lacs, ou hivernales comme les Alpes proches, la ville n'en perd pas pour autant son énergie et enchaîne des soirées où le public ne fait jamais défaut.

Cependant ne croyez pas que vous trouverez où vous garer facilement. Le trafic reste très dense et trouver une place de parking est toujours aussi difficile. Ce phénomène d'évasion de fin de semaine ne fait qu'accentuer la fréquentation du Milan nocturne tout au long de la semaine. On sort tous les soirs et chaque journée a sa soirée : théâtre ou cinéma, apéro ou verre après dîner, bar-pub ou boîte de nuit, à chacun sa spécialité.

Articulée entre lieux tendance, cafés, bars à vins immortels et boîtes de nuit exclusives (les Italiens rassemblent tous ces lieux de sorties sous le nom de *locali*), sortir à Milan est synonyme de soirée très mondaine. Les quartiers plus en vogue pour s'amuser où les bars et les night-clubs restent ouverts jusqu'au petit matin sont la zone autour du Corso di Porta Ticinese, les Navigli et le quartier de Garibaldi et Corso Como. Le long de la Colonnade de San Lorenzo, les jeunes se promènent avec nonchalance et s'arrêtent pour discuter un verre à la main sur les marches et les bancs qui entourent l'église ou dans les rues voisines. Quant au quartier de Garibaldi, il s'agit du lieu favori des mannequins et stars de télévision pour sortir dans quelques bars branchés et se déchaîner sur les podiums en boîte de nuit.

Pour ceux qui recherchent une soirée plus tranquille, l'ambiance décontractée de l'apéro permet de passer un bon moment. Les meilleurs spots ? Tout dépend de votre humeur : pour un verre sophistiqué choisissez les cafés historiques du quadrilatère doré où siroter une coupe de *spumante*, pour une ambiance design rendez-vous dans le quartier de via Tortona, récem-

QUE FAIT-ON CE SOIR ?

Combien de fois risquez-vous de vous poser cette question, en particulier dans une ville qui ne vous est pas familière. Voici quelques sites qui telle une boussole garantissent une information détaillée sur le *best of* de ce qui se passe le soir à Milan. Pour avoir en temps réel toutes les informations et les mises à jour sur les événements plus importants d'art, de musique, de rencontres, de soirées...

- **www.tonight.eu**. Le meilleur portail de la *nightlife* milanaise et internationale. Aussi en VF !
- **www.milanodabere.it**. Un site « intello branché » pour tout savoir sur ce qui se passe en ville.
- **www.vivimilano.corriere.it**. La version web du supplément du *Corriere della Sera*, en vente tous les mercredis dans les kiosques. Une vraie référence.
- **www.milano.2night.it**. Des fiches détaillées sur toutes les adresses cool et moins cool de Milan.
- **www.zero.eu/milano.** Également en version papier gratuite, tous les deux mois dans les bars et les cafés.

ment remis en valeur. En revanche pour ceux qui recherchent l'ambiance jeune style sortie de bureaux décontractée mais glamour, le Corso Sempione n'est qu'une enfilade de bars stylés et sympathiques.

Les mélomanes enfin, au risque de se le reprocher toute leur vie, ne pourront pas ne pas assister à une représentation à la Scala. Obtenir une place est devenu aujourd'hui une entreprise digne d'un croisé, mais avec un peu de persévérance on y parvient. Et le jeu en vaut la chandelle...

D'autre part Milan expose de plus en plus son patrimoine artistique en nocturne. Assister à la visite des remparts du Castello Sforzesco, ou bien découvrir la ville illuminée de nuit à bord du tour féerique du tram restaurant Atmosfera, sont autant d'expériences qui ne vous feront pas oublier votre séjour.

Ainsi Milan est une ville qui vaut la peine d'être vécue à toutes les heures. Mais dès que le soleil se couche, c'est seulement là que la vraie fête commence !

TOP ADRESSES POUR SAVOURER UN APERITIVO ALLA MILANESE

De 19h à 21h, c'est l'heure de l'*aperitivo*. Dans la plupart des cafés et bars de Milan les comptoirs se couvrent de mets en tout genre, *pâtes, focacce, bruschette,* fromages et charcuteries et autres spécialités locales pour le plaisir de vos papilles et de votre porte-monnaie.

En effet pour une somme entre 5 et 12 € par consommation vous pourrez profiter du copieux buffet inclus dans la formule. Une coutume aussi traditionnelle que conviviale que vous ne tarderez pas à partager avec les Milanais !

Voici nos meilleures adresses pour un *aperitivo* réussi.

BHANGRABAR
Corso Sempione, 1
✆ +39 02 34 93 44 69

CHIÙ
Via Vincenzo Monti, 32
✆ +39 02 39 40 06 94

MINT GARDEN CAFÉ
Via F. Casati, 12
✆ +39 02 83 41 78 06

N'OMBRA DE VIN
Via San Marco, 2
✆ +39 02 659 9650

NOTTINGHAM FOREST
Viale Piave, 1
✆ +39 02 798 311

SANT'AMBROEUS
Corso Matteotti, 7
✆ +39 02 7600 0540

IDÉES DE SÉJOUR

MILAN POUR LA 1RE FOIS

JOUR 1

Matinée : partez à la découverte de Milan en commençant par son épicentre, la piazza Duomo. Ici laissez votre regard s'égarer dans la forêt de statues qui orne la surface de la cathédrale. Son intérieur ne vous laissera pas moins admiratif. Votre première approche sera d'autant plus complète, si, avec la complicité du beau temps, et entouré d'une forêt de pinacles et de gargouilles, vous parvenez à contempler la vue sur la ville et sur les Alpes à l'horizon.

Engagez-vous ensuite dans la Galerie Victor Emmanuel II, orgueil bourgeois d'une ville en plein épanouissement industriel et financier de l'Italie unifiée. Sous sa verrière aux reflets dorés arrêtez-vous admirer les vitrines de Prada et de Borsalino, deux boutiques-musées dont l'élégance vous surprendra. N'oubliez pas de piétiner la mosaïque du taureau sur le sol avec votre talon, il paraît que cela porte bonheur ! Au bout de la Galerie, face à vous le Teatro alla Scala. Son musée vous fera revivre l'ambiance épique des soirées « *scaligere* », depuis l'impératrice Marie-Thérèse d'Autriche jusqu'à nos jours.

Déjeuner et après-midi : après cette 1re matinée au cœur de Milan,

Duomo de Milan.

Castello Sforzesco.

attablez-vous à l'un des restaurants branchés d'un créateur de mode, qu'il s'agisse d'Armani, de Trussardi ou de Dolce et Gabbana, pour déguster des plats aussi créatifs que savoureux. Profitez ensuite des superbes boutiques du Quadrilatère de la Mode en prenant votre temps pour déambuler de l'une à l'autre et pour admirer le mariage réussi entre architecture ancienne et contemporaine de ces rues.

Soir : terminez votre journée par l'emblème du style de vie de la ville : l'apéro à la milanaise. Dans le pittoresque quartier de Brera, retrouvez le Milan d'autrefois au bar N'Ombra de Vin, en profitant de l'ambiance mondaine qui se crée chaque soir sur les trottoirs des cafés, ou bien dans le cadre enchanteur des salles intérieures voûtées. La soirée se poursuivra par un dîner, pour les plus « Hypes » chez Pisacco, tandis que les autres préféreront l'Antica Osteria Stendhal.

JOUR 2

Matinée et déjeuner : partez à la découverte du quartier de Sant'Ambrogio et de ses monuments d'exception. Chef-d'œuvre de l'art roman la basilique du même nom accueille le visiteur dans son imposant quadriportique avant de pénétrer dans la nef et être saisi par le scintillement de l'autel en or sculpté par Vuolvinius au IXe siècle. En remontant l'élégant Corso Magenta, Santa Maria delle Grazie et ses géométries Renaissance vous donnent un avant-goût de la perfection mystique de la célèbre fresque de *La Cène* conservée dans le réfectoire (réservation obligatoire).

Après avoir médité devant le chef-d'œuvre de Léonard de Vinci, voici venu le temps d'une halte revigorante. Un sandwich (mais quel sandwich !) au De Santis et une glace (et quelle glace !) chez Chocolat, marchand de merveilles gourmandes.

Vue depuis les terrasses supérieures du Duomo.

© PHILIPPE GUERSAN – AUTHOR'S IMAGE

Navigli est un quartier très apprécié à Milan.

Après-midi : partez à l'assaut du Castello Sforzesco pour visiter ses remparts, sa cour d'arme et ses musées. La surprise est toujours grande quand on découvre le plafond de la *Sala delle Asse* peint par Léonard de Vinci et parmi les collections la sculpture de *La Pietà Rondanini* par Michel Ange. Mais si aux fastes médiévaux vous préférez le glamour contemporain, consacrez davantage de temps à la visite de la Triennale Design Museum et de ses collections. Ce musée est en effet un incontournable sur la scène milanaise, autant pour la modernité des pièces exposées que pour son architecture d'avant-garde.

Soirée : après ces découvertes, tout le monde sera d'accord pour prendre un apéro dînatoire dans l'un des bars branchés du Corso Sempione. Un cocktail à la main, vous assisterez à un véritable défilé de mode, « classe » italienne et milanaise oblige ! Toujours pas fatigués ? Le quartier vous propose les dancefloors enflammés du Gattopardo pour vous déhancher jusqu'au bout de la nuit.

JOUR 3

Matinée : couronnez les derniers moments de votre séjour par une promenade vers les Navigli pour respirer leur poésie et chiner dans les brocantes et les petites boutiques ateliers. Si le temps le permet, montez à bord des péniches et naviguez sur les canaux de Léonard de Vinci à la découverte du système hydraulique des écluses qui permet la navigation depuis le XVIe siècle.

Déjeuner et après-midi : traversez le pont surélevé de la gare de Porta Genova pour vous retrouver Via Tortona et Via Savona pour une immersion design. Pour un dernier repas italien, vous aurez le choix entre le traditionnel bistrot milanais de l'Osteria dei Binari, ou le charme contemporain du Design Library Café.

Avant de rejoindre l'aéroport, remontez le pittoresque Corso di Porta Ticinese pour ramener un dernier souvenir déniché dans l'une des boutiques vintage et prendre un dernier verre à l'ombre de la colonnade de San Lorenzo.

MILAN TENDANCE

JOUR 1

Matinée et déjeuner : la meilleure façon pour bien commencer votre parcours tendance selon les règles de l'art reste celle de prendre son « *cappuccino et brioche* » au comptoir d'un bar élégant. Le Café Cova au cœur du Quadrilatère de la Mode est l'endroit parfait. Vous y croiserez peut-être Donatella Versace ou Lapo Elkann en train de savourer un croissant. Ce quartier possède toutes les caractéristiques d'une destination touristique de valeur : musées, palais anciens, panoramas urbains saisissants et, bien sûr, des boutiques, encore des boutiques, toujours des boutiques. Plus fashion Via Montenapoleone et Via Spiga, plus design Via Manzoni et Corso Venezia. Incontournable la pause déjeuner à l'Emporio Armani Café, en terrasse s'il fait beau. Et après le café perdez-vous dans les 8 000 m2 de l'Armani Store, royaume du King Giorgio.

Après-midi : à présent un peu de culture mais sans s'éloigner de l'univers de la mode ! Au musée du Teatro alla Scala vous découvrirez les plus beaux costumes d'opéra, dommage qu'ils ne soient pas en vente ! Rattrapez-vous avec les boutiques vintage de Brera et flânez dans ce quartier d'où se dégage un calme apaisant.

Dîner et soirée : après un apéritif de conte de fées dans le designissime bar de l'hôtel Bulgari, selon votre humeur deux options s'offrent à vous. Plus branchée : un dîner chez Pacifico ou bien au T'a Bistrot, suivi d'une soi-

Teatro alla Scala.

© PHILIPPE GUERSAN – AUTHOR'S IMAGE

Marché près de la gare centrale de Milan.

rée VIP à l'Armani Privé en admettant que vous ayez réussi à passer la sélection à l'entrée. Plus classique : un dîner au Don Carlos avant ou après un spectacle à la Scala, en admettant cette fois-ci que vous ayez réussi à obtenir des places.

JOUR 2

Matinée et déjeuner : rendez-vous dans le quartier de Porta Nuova, où le binôme mode et design a réussi un de ses meilleurs mariages. Vivez quasiment en direct la construction de la nouvelle skyline de Milan en flânant sur la piazza Gae Aulenti, décorée de jeux d'eau et d'œuvres d'art contemporain. Partez ensuite vous balader chez High-Tech pour dénicher les dernières tendances design, et chez Eataly, maxi store dédié à la gastronomie italienne de qualité. Enfin, arrêtez-vous au n° 10 de Corso Como ; au premier coup d'œil, rien ne vous laisserait penser que cet endroit était un dépôt de canettes de Coca. Aujourd'hui galerie d'art, bookstore, boutique d'accessoires et d'habillement, un café et un restaurant pour déjeuner suffiront à occuper votre matinée.

Après-midi : sur des aires de contemporanéité, passez votre après-midi au musée de la Triennale et découvrez les multiples expressions du design italien. Pour savoir ce qui se passe en coulisses, à quelques pas de là, faites-vous ouvrir les portes du cabinet du célèbre designer Achille Castiglioni. A la sortie, *l'aperitivo alla milanese* s'impose, pourquoi donc ne pas se l'offrir au Bar Magenta ou au Bar Conca le long de la via Carducci ?

Soirée : pour clore la journée dans une atmosphère envoûtante, partez pour un dîner magique au bord du Tram Atmosfera (n'oubliez pas de réserver à l'avance). Dans un décor début du siècle profitez de votre dîner en contemplant Milan illuminé qui défile sous vos yeux.

FESTIVITÉS

La surprenante dextérité des Milanais à marier un passé traditionnel à la modernité du contemporain se reflète encore une fois dans le caractère atemporel de leurs festivités. Ainsi aux côtés de manifestations religieuses ou populaires dont le succès se perpétue de génération en génération, des événements d'envergure internationale comme les Fashion Week, prennent tout de suite une allure festive dans un esprit *dolce vita* où le business et l'art de vivre sont en parfaite symbiose. Pour obtenir des informations sur les manifestations :

- **www.vivimilano.corriere.it.** L'édition milanaise en ligne du principal quotidien le *Corriere della Sera* (le mercredi chez tous les marchands de journaux). Renseignements, conseils et nouveautés sur toute l'actualité culturelle ainsi que sur les restaurants et lieux de sortie de la ville.
- **www.visitamilano.it**. Le site très complet de la Provincia (département) de Milan.
- **www.turismo.milano.it**. Le portail du tourisme géré par la ville de Milan, moderne et extrêmement bien renseigné sur tout ce qui se passe en ville.

JANVIER

CORTEO DEI MAGI

6 janvier.

Le jour de l'Épiphanie a lieu cette tradition qui remonte au XIVe siècle : le cortège costumé des Rois Mages parcourt la via Torino et le corso di

QUEL AVENIR POUR EXPO 2015 ?

Du 1er mai au 31 octobre 2015, Milan a accueilli l'Exposition Universelle sur le thème « Nourrir la planète, énergie pour la vie ». Après son succès colossal (plus de 20 millions de visiteurs), une question se posa : que faire du site gigantesque sur lequel s'élevaient les pavillons des 140 pays participants ? Le projet Mind (acronyme de Milano Innovation District) propose aujourd'hui de transformer l'ancien site en un nouveau quartier abritant notamment le Human Technopole (un centre de recherche sur les sciences de la vie), l'hôpital Galeazzi, certains départements scientifiques de l'Université de Milan, ainsi que la Fondazione Triulza pour l'innovation sociale. Un vrai site dédié à la recherche et à l'innovation est en train de voir le jour, dessinant les contours de la Milan de demain. Durant les travaux, le fameux *albero della vita* (l'arbre de la vie), qui enchanta les visiteurs de l'Expo 2015, continue à s'illuminer tous les soirs, mettant en lumière l'ambitieux projet.

Porta Ticinese, du Duomo à la basilique Sant'Eustorgio, pour déposer ses présents devant une crèche vivante.

FASHION WEEK

Fin janvier-début février.

La ville est en effervescence pour la présentation des collections printemps-été : fin janvier pour la mode masculine, fin février pour la féminine. Défilés et soirées VIP paralysent souvent la circulation.

FÉVRIER

CARNEVALE AMBROSIANO

Février/mars selon le jour de Pâques.

Selon le calendrier établi par l'évêque Ambroise, le carnaval à Milan se prolonge jusqu'au samedi après le mercredi des cendres. Pour l'occasion un grand défilé de personnages masqués se déroule dans les rues du centre.

AVRIL

MIART

Fieramilanocity

www.miart.it

miart@fieramilano.it

Début avril, sur 3 ou 4 jours. Entrée environ 15 €.

Milan aussi peut se vanter de posséder un salon international d'art moderne et contemporain qui appelle chaque année davantage de commerçants et de visiteurs.

SALON INTERNATIONAL DU MEUBLE

Fiera Milano / Rho

www.salonemilano.it

Mi-avril sur 6 jours.

De loin le salon le plus branché de l'année. La ville entière est en effervescence, rythmée par des fêtes et d'événements off à ne pas manquer. Toute la programmation sur les guides du magazine *Interni*, édités chaque année pour l'occasion et distribués gratuitement dans tous les boutiques et établissements concernés de la ville.

© STÉPHAN SZEREMETA

Fête sur la place du Duomo pendant le carnaval de Milan.

MAI

CORTILI APERTI

www.adsi.it – info@adsi.it

3e dimanche du mois de mai.

Le temps d'un dimanche, voici l'occasion d'observer gratuitement de près les cours intérieures des fastueuses demeures historiques milanaises.

JUIN

FESTA DEI NAVIGLI

1er dimanche du mois de juin.

Le long des Navigli, fêtes, brocantes et animations diverses se tiennent dans un esprit villageois. Éclairage nocturne très pittoresque.

MILANO PRIDE

www.milanopride.it
eventi@milanopride.it
Fin juin.
Une journée où le drapeau arc-en-ciel est le protagoniste dans les rues de la ville. Un grand défilé est organisé, ainsi que des festivités tout au long de la soirée.

SEPTEMBRE

MILANO FILM FESTIVAL

www.milanofilmfestival.it
Sur 10 jours, courant septembre/début octobre selon calendrier.
Un événement original, depuis 1995, qui propose une sélection intéressante de la production cinématographique internationale déliée des lois du marché.

MITO SETTEMBRE MUSICA

www.mitosettembremusica.it
En septembre.
Tout au long du mois de septembre la musique envahit théâtres, auditoriums, places, églises et cours privées.

Milano Pride.

Un événement qui célèbre le jumelage culturel de Milan et de Turin depuis 2007.

NIVOLA

2e week-end de septembre.
Une tradition très ancienne qui chaque année le samedi le plus proche du 14 septembre voit l'archevêque de Milan monter sur une sorte de nuage mécanique (la *nivola*) au plus haut de la voûte de l'abside du Duomo pour récupérer la relique d'un clou de la Sainte Croix. Les fidèles ont l'occasion de l'apercevoir déposé sur l'autel jusqu'au dimanche suivant.

DÉCEMBRE

FÊTE DU SAINT PATRON AMBROGIO

7-10 décembre
Le 7 est le jour de la fête du saint patron Ambrogio (Ambroise). Commerces et bureaux sont fermés, tandis que les rues et places du quartier Sant'Ambrogio sont envahies par les stands de la fête foraine des O'Bei O'Bei (« qu'ils sont beau, qu'ils sont beaux » en dialecte milanais) et que le coup d'envoi est donné pour le début de la saison lyrique au Teatro alla Scala.

FIERA DEGLI O'BEI ! O'BEI !

Piazza Castello (tout autour du Castello Sforzesco), M1 Cairoli.
Du 5 au 8 décembre.
Marché populaire dont les origines remontent au XVIe siècle, quand les petits Milanais s'exclamaient plein d'enthousiasme « *O' bei, O'bei !* » (« qu'ils sont beaux, qu'ils sont beaux ! » en dialecte milanais) devant les présents apportés par le pape Pie IV en visite à Milan. Petite brocante, artisanat et sucreries.

CENTRE HISTORIQUE

IMMANQUABLE DANS CE QUARTIER

- Contempler le Duomo.
- Faire du lèche-vitrines dans le Quadrilatère de la mode.
- Assister à un opéra mythique à la Scala.
- Découvrir les grands peintres italiens à la Pinacoteca di Brera.
- Succomber à la tradition de l'aperitivo dans le quartier de Brera.

CENTRE HISTORIQUE
Via Vasto
Via Statuto
Via Solferino
Via San Marco
Via Moscova
Piazza S. Angelo
V. Moscova
Via Appiani
Cavalieri
Mangili
Via F. Turati
Largo Donegani
V. S. fermo Bat.
Piazza Mirabello
B. Bertoni
Palermo
Largo Treves
Via Balzan
Via Montebello
V. Amedeo
Palazzo Montecati
Via Solferino
Via San Marco
V. Goito
Via Cernaia
Corso di Porta Nuova
Via M. De Marchi
Via Porta
Via F. Turati
Piazza Paolo VI
V. Chiostri
S. Simpliciano
V.S. Simplicia
Cav. d. S. Seppolcro
S. Marco
Palazzo Crivelli
Piazza S. Marco
Via Fatebenefratelli
Via Annunciata
V. Visconti
Corso
V. Angioli
Nuovo Piccolo Teatro
Teatro Studio
V. Rivoli
Largo. A. Greppi
Via Pontaccio
Lanza
V. Fiori Obscuri
Via Fiori Chiari
Via Carpoforo
Pinacoteca di Brera
Via Brera
Via Bergonuevo
Via del Giardini
Via Manzoni
Via della
V. Lanza
Via Mercato
Palazzo Cusani
Erbe
Madonnina
S.M. d. Carmine
P.tta Brera
Via F. Gabba
Palazzo Scotti
Castello Sforzesco
V. Arco
Piazza Carmine
V.Q. Sella
Via
V. Ciovasso
Via Brera
Monte di Pietà
Montenapoleone
Borgospesso
S. Spirito
Gesù
Musée Bagatti-Valsecchi
Via Sacchi
Piazza Castello
Foro Buonaparte
Via dell'Orso
Via Monte di Pietà
V. Romagnosi
Anderga
Via Manzoni
Via Bigli
Via Monte Napoleone
Cairoli
Via Cusani
Via Lauro
Via G. Verdi
Via
Museo Poldi Pezzoli
Largo Cairoli
Via Rovello
Via Broletto
P.tta Bossi
Teatro alla Scala
Casa e museo Alessandro Manzoni
Palazzo Belgioioso
Largo M. Callas
Via Dante
Filodrammatici
Casa degli Omenoni
Piazza Belgioioso
Via Verri
Via S. P.
V. S. Tomaso
V. Bossi
Via Clerici
Gallerie D'Italia
Cas. Rotte
Piazza Meda
Corso Matteotti
Via S. Giov. sul Muro
Via Camperio
Teatro Piccolo
Piazza Scala
Via Porlezza
Palazzo Clerici
Via Dalmazio
Via Marino
Piazza S. Fedele
Via S. Paolo
Palazzo Spinola
All'Orto
Via Dante
Via Porone
Galleria V. Emanuele II
Via Meravigli
Palais de la Bourse
V. Segreta
Via Grossi
Piazza Cordusio
Via S. Margherita
S. pellico
Via Agnelo Pattari
Via Fulcorina
Pizza d. Affari
Via Negri
Poste Centrali
Duomo
Foscolo
V. Raffaele
Corso V. Emanuele II
V.d. Posta
Via Orefici
Piazza Mercanti
Information
V. Beccaria
Piazza Beccari
V. Borromei
V. Amorani
Via Bocchetto
Via d. Bollo
Piazza Duomo
Duomo
Via Hugo
Via Mazzini
Piazza Pio XI
V. Spadari
Podone
Bibliothèque Pinacothèque Académie Ambrosienne
Palazzo Arciv.
Piazza Fontana
Palazzo Borromeo
Marta
Via Torino
Marconi
Via Pal.
Largio Bersaglieri
V. Sant'Orsola
Via San Maurilio
Piazza S. Sepolcro
Piazza S. M. Beltrace
S. Satiro
Falcone
Pal. Reale et Museo del 900
Via d. Ore
V. Tecla
Via Unione
Via Rastrelli
Reale
Piazza Diaz
Via Larga
Verziere
L. Bergamini
Piazza S. Stefano
S. Stefan
Piazza Mentana
V. santa
Via Torino
Via Lupetta
Via Mazzini
Gonzaga
Baracchini
Canobio
V. Bagnera
Nerino
S. Giorgio
S. Alessandro
Piazza Missori
Via Albricci
Palazzo Greppi
Laghett
V. Medici
Tori
Via Piatti
V. Zebedia
Missori
Via Larga
Via S. Antonio
Via F.D. Pedrono
Palazzo Stampa
Via
Palazzo Isimbardi
Palazzo Trivulzio
V.
Via Albricci
C. Italia
Via

PORTA VENEZIA
GIARDINI PUBBLICI INDRO MONTANELLI
Palazzo Dugnani
Planetario di Milano Ulrico Hoepli
Musée d'histoire naturelle
Galleria d'Arte Moderna (GAM)
Palazzo Castiglioni
Palazzo Saporiti
Piazza Duse
Palestro
Porta Venezia
Piazza Oberdan
Vers Museo Boschi di Stefano
Piazzale Lavater
S. Pietro Celest.
Palazzo Serbelloni
Villa Necchi Campiglio
Piazzale del Tricolore
Piazza Risorgimento
Piazza S. Babila
San Babila
Palazzo Durini
S.M.d. Passione
Largo Augusto
S. Pietro in Gess.
Piazza 5 Giornate
Palazzo d. Giustizia
GUASTALLA
PORTA VITTORIA
Curiosité
Eglise
Musée
Gare ferroviaire
Parking
Station de métro
Théâtre
0
250 m
N
Viale Tunisia
Via F. Casati
Via Castaldi
Via Vittorio Veneto
Bastioni di Porta Venezia
Via Lecco
Via A. Tadino
Corso Buenos Aires
V. Spalanzani
V. Stopani
V. Cadamosto
Viale Regina Giovanna
Pancaldo
V. ramazzini
Via Frisi
Via Melzo
Via Malpighi
Via Lambro
Via Manin
Tarchetti
Via Palestro
Corso Venezia
V. Borghetto
Via Salvini
Viale Majno
Via Carlo Pisacane
Via Poerio
Piazza Frat. Bandiera
Via Bellotti
Via Marina
V. Marina
Boschetti
Via Senato
S. Damiano
Via S. Primo
Cossa
Via dei Cappuccini
Via Serbelloni
V. Barozzi
Via Vivaio
V. Rossini
Via Carlo Goldoni
Viale Piave
V. Maffei
Andrea
Spiga
Via Mozart
Via Maggiolini
Corso Concordia
Corso Monforte
Via S. Cecilia
Raiberti
Via G. Donizetti
Viale Bianca Maria
Viale Premuda
Via Macedonio
Via Calvi
Via Pietro Mascagni
Vl. rasani
V. Borgogna
Corso Europa
Via Bellini
Via Conservatorio
Via Sottocorno
V. Lincoln
Via Guicciardini
Via Archimede
Via G. Fiamma
Via Passione
V. Chiossetto
Perugia
Via G.
Via U. Visconti di Modrone
Via Durini
Via Cerva
Marziale
V. Cavallotti
Via F. Corridoni
Via Marcona
Via Mancini
Via Battisti
V. Respighi
Via Savarè
Via Dandolo
Donizetti
Signoa
Corso di Porta Vittoria
Corso XXIII Marzo
F. Sforza
Via Guastalla
V. Andeani
V. Zaccaria
Via Freguglia
Via Manara
Via Podgora
Via Fontana
Via Besana
V. Venosta
Viale Regina Margherita
Monte Nero
Via Vicenza
Via San Barnaba

CENTRE HISTORIQUE

Facile à identifier d'un point de vue toponymique, Milan se développe en cercles autour d'un noyau central, telle une coquille d'escargot. En regardant un plan de la ville, votre regard est irrémédiablement attiré par son centre géographique et historique, la Piazza del Duomo, dont la cathédrale, avec sa forêt de statues au profil évanescent, domine l'horizon d'où que vous la regardiez. De ce point central bien précis, se ramifient les différentes artères qui s'éloignent vers la périphérie, en direction de l'emplacement des anciennes portes de la ville. Mais le centre historique est bien plus qu'un simple point de repère. Ici se trouve son cœur pulsant : celui symbolique d'abord avec la cathédrale (le « Duomo » pour les Milanais il n'y en a qu'un et c'est le leur !) et le Théâtre Scala ; celui financier ensuite avec Piazza Affari, siège de la Bourse ; celui culturel avec la Pinacoteca di Brera, le nouveau Musée du XXe siècle, et les autres principaux musées urbains ; celui commercial enfin, incarné par le Quadrilatère de la Mode et ses boutiques de luxe.

Autre particularité du quartier, entre le Quadrilatère de la Mode et le Jardin public, depuis plus de 150 ans, Via Solferino et Piazza Cavour évoquent un seul mot : « journaux ». Si certains grands titres milanais comme le quotidien *Il Giornale* (1974) ont délocalisé leur siège en périphérie, le *Corriere della Sera* (1876), roi de l'incontournable presse milanaise, reste fidèle à lui-même au siège historique de Via Solferino.

Le « quartier des journaux » garde alors un air agréablement atypique et professionnellement très occupé, plus aristocrate vers Piazza Cavour et presque parisien, vers la Via Solferino n°28, car il ne faut pas l'oublier, nous sommes ici à Brera, un des recoins les mieux conservés et les plus romantiques du vieux Milan. Sa poésie et son charme bourgeois-bohème n'ont rien à envier à certains quartiers de Paris. Ce qui fut autrefois le Saint Germain milanais accueille aujourd'hui des boutiques d'antiquaires, des petits restaurants, des magasins vintage et branchés à la fois et des liseuses de tarot.

Quant aux Jardins publics Indro Montanelli et au Parc de la Villa Reale, les deux constituent non seulement le poumon vert de Milan, mais aussi un havre de paix où tous les Milanais ont joué au moins une fois étant enfants. Cela vous paraîtra peut-être difficile à croire, mais à l'époque romaine, aux alentours du Ier siècle av. J.-C., où se trouvent aujourd'hui de vertes pelouses, s'étendaient des potagers verdoyants et des champs plantés d'asperges dont la saveur était, paraît-il, incomparable. Son prolongement le long de Via Moscova et de Via Manin

Duomo de Milan.

était à son tour couru par de longues rangées de vignobles et deux canaux. Ces jardins chéris des Milanais restent une grande cour de récréation pour se ressourcer le corps et l'esprit, car outre de la verdure vous trouverez ici le Pac (Pavillon d'art contemporain), la Galerie d'Art moderne, le Muséum d'Histoire naturelle et le Planetario, fenêtre urbaine ouverte sur l'immensité de l'univers.

Pour cueillir la poésie qu'offrent les paysages urbains de Milan, un peu d'imagination vous sera nécessaire. Dans ce quartier que se partagent à la fois l'aristocratie de la ville et les grandes griffes de la mode, les entrepreneurs et leurs bureaux, les banquiers et les artistes, derrière une porte cochère, derrière les grilles des hôtels particuliers se cachent des jardins splendides, des cours intérieures au profil Renaissance, des petits cloîtres, des anciens puits, des vestiges médiévaux et d'autres recoins secrets que l'on peut apercevoir ou du moins soupçonner avec un peu de flair.

Du Duomo au Castello Sforzesco, en passant par Brera et par la place San Babila, la circulation est interdite aux voitures, ce qui fait du centre de Milan une des zones piétonnes les plus étendues d'Europe. Un « tour rapide » de ce quartier requiert au moins une journée entière. Il vous permettra d'apprécier Milan dans toute sa splendeur.

VISITER

CASA DEGLI OMENONI

Via Omenoni, 3
M° Duomo.
Ne se visite pas.

Quatre vigoureux géants soutiennent depuis cinq siècles la façade de ce palais dont l'harmonie des proportions rejoint la puissance des lignes. Ici demeura Leone Leoni (XVIe siècle), sculpteur à la cour de Charles V et l'un des premiers collectionneurs d'art de Milan. Le palais est aujourd'hui le siège du Clubino, un prestigieux club mondain.

CASA DEL MANZONI ★

Via Morone, 1
✆ +39 02 86 46 04 03
www.casadelmanzoni.mi.it
M1, M3 Duomo.
Du mardi au vendredi de 10h à 18h. Le samedi de 14h à 18h. Entrée : 5 €.
Le palais du XVe siècle où Alessandro Manzoni, l'auteur de *I Promessi Sposi* (*Les Fiancés*), l'œuvre littéraire fondatrice de la langue italienne moderne, vécu de 1814 à 1873, est maintenant un musée consacré à l'écrivain. Vous pouvez y voir son cabinet, avec une bibliothèque de plus de 3 000 livres et sa chambre à coucher dont le décor semble en harmonie avec son caractère austère. Parmi les objets conservés dans ce musée se trouve le dernier ouvrage de broderie effectué par Marie-Antoinette dans la prison du Temple.

CHIESA DI SANTA MARIA PRESSO SAN SATIRO ★★

Via Torino 17/19
M1, M3 Duomo.
Du mardi au samedi de 9h30 à 17h30, le dimanche de 14h à 17h30.
Il faut bien chercher entre les magasins d'habillement et d'accessoires de la Via Torino pour dénicher la plus étonnante expression d'art roman par Bramante à Milan. Le grand architecte entreprit la construction de cette église en 1478 sur les fondations d'une église du XIe siècle.
Vu l'exiguïté de l'espace à disposition, Bramante traita le chœur en trompe-l'œil au moyen d'une perspective imaginaire, qui, entre arcades et caissons, rappelle le Panthéon romain. Le baptistère et la sacristie sont également son œuvre.

PETITS TOURISTES

Milan n'a pas la prétention d'être la ville rêvée pour des vacances en famille. Pourtant la capitale de la mode et du design peut constituer un lieu de séjour idéal même pour les plus petits. Les enseignes de mode pour enfants ne sont pas ce qui manque dans les rues du centre, tandis que les nombreux marchands de glaces peuvent être une parfaite idée pour la pause goûter des petits gourmands.

Offrez-leur un après-midi aux jardins publics Indro Montanelli, entre un tour de manège et une balade en poney ou encore une visite au Muséum d'histoire naturelle (www.comune.milano.it/museostorianaturale). Pour les petits esthètes, les jardins de la villa Reale (Via Palestro 16) sont un recoin de paradis néoclassique où jouer en toute liberté. Du côté du Parco Sempione, les bassins bleus de l'aquarium municipal font toujours leur effet sur les grands et les petits (www.acquariocivicomilano.eu).

Au sud de la ville, dans le joli cadre de la rotonde de la Besana, le MuBa (www.muba.it) est un nouveau musée entièrement dédié aux plus petits, avec toute une panoplie d'activités ludiques et pédagogiques. Enfin, le site www.milanoperibambini.it (version italienne) vous aidera à compléter votre programme.

Chiesa di Santa Maria Presso San Satiro.

CHIESA DI SAN MARCO ★

Piazza San Marco
M3 Montenapoleone.
Du lundi au vendredi de 7h à 12h et de 16h à 19h, samedi et dimanche de 7h à 12 et de 16h à 19h45.
Construite en 1254, après la destruction de la ville ordonnée par Frédéric Barberousse et en remerciement aux Vénitiens qui avaient soutenu les Milanais dans leur lutte contre l'empereur, cette église a eu parmi ses visiteurs Martin Luther et Mozart. Elle conserve d'importantes fresques dont une, attribuée à l'école de Léonard de Vinci et représentant une *Madone avec l'Enfant Jésus et saint Jean.*

DUOMO DI MILANO (CATHÉDRALE DE MILAN) ★★★★

Piazza del Duomo, 12
© +39 02 7202 2656
Voir page 10.

MUSEO DEL DUOMO ★

Piazza Duomo, 14
© +39 02 86 03 58
Tous les jours de 10h-18h. Fermé le mercredi. Billet combiné avec la visite de l'église de San Gottardo in Corte : 3 €.
Situé à l'intérieur de l'aile gauche du Palazzo Reale, le musée parcourt les différentes phases de constructions de la cathédrale et de sa restaura-

UN MONDE D'AFFAIRES

Milan est un centre d'affaires et de commerce dynamique, le fer de lance de l'économie italienne. La Foire de Milan est l'un des plus importants lieux d'exposition d'Europe. Milan est donc une destination obligée en Italie pour tous les voyageurs d'affaires. Aujourd'hui, au côté des PME-PMI, Milan est devenu le siège d'entreprises de services, de commerce, de finance, d'assurance et de grande distribution. Les secteurs de la mode, de la publicité, de la télévision et de l'édition y sont également très actifs. La Bourse de Milan est la plus importante d'Italie et son index, le MIB, est la référence de la finance italienne. Pour ne citer qu'un exemple, le deuxième homme le plus riche d'Italie, Leonardo del Vecchio l'empereur des lunettes (dont les fameuses Ray Ban) est originaire de Milan.

PALAZZO MEZZANOTTE

Piazza Affari, 6
M1 Cordusio.
Ne se visite pas.
La façade rationaliste du palais de la Bourse se dresse majestueusement face à l'irrévérencieuse sculpture de Maurizio Cattelan : un doigt d'honneur de 11 m de haut intitulé L.O.V.E. Au-delà de la provocation (ironique ou polémique ?) de l'artiste, on rentre dans la « Piazza Affari » un peu comme dans une église : trois étages de verrières et un grand cadran lumineux où s'affichent les indices boursiers. Bienvenue au cœur battant de l'Italie économique. Passez par là entre midi et 14h pour assister au spectacle des *traders* en pause déj !

© STÉPHAN SZEREMETA

Église Santa Maria del Carmine.

tion. Sculptures, tapisseries et vitraux d'origine y sont exposés et on apprécie la possibilité de les admirer de bien plus près que si ils étaient perchés sur les toits de l'édifice. Impressionnante, l'immense *maquette en bois* du Duomo au 1/20e, datant du XIXe siècle.

A ne pas manquer, le *Crucifix d'Aribert* (1040), une splendide pièce d'orfèvrerie faisant partie du trésor du Duomo qui compte un bel ensemble de précieux objets liturgiques. Enfin, la visite se poursuit par un aperçu de l'église de San Gottardo in Corte, accolée au musée et bien connue pour son campanile octogonal. Un reste de fresque de l'école de Giotto décore la paroi du fond.

GALLERIE D'ITALIA ★

Piazza della Scala, 6
✆ +39 800 167 619
www.gallerieditalia.com
info@gallerieditalia.com
M1, M3 Duomo.
De mardi à dimanche de 9h30 à 19h30, et le jeudi de 9h30 à 22h30. Entrée gratuite, 10 € pendant les expositions.

Parmi les derniers hauts lieux de la scène artistique milanaise, ouvertes en 2011, les *Gallerie d'Italia* exposent les collections de peintures et de sculptures des groupes banquiers Fondazione Cariplo et Intesa San Paolo. Elles occupent les salons du somptueux palais néoclassique Anguissola, juste à l'angle de piazza Della Scala. Deux sections : la première est dédiée aux œuvres du XIXe siècle et accueille parmi d'autres des bas-reliefs de Canova, des portraits de Hayez et des paysages de Girolamo Induno ; la seconde est tournée vers le moderne et le contemporain, et fait place à des artistes comme Fontana, Boccioni et Previati.

GALLERIA VITTORIO EMANUELE II (GALERIE VICTOR EMMANUEL II) ★★

Galleria Vittorio Emanuele II
Accès au toit : Via Pellico, 2
Voir page 18.

CENTRE HISTORIQUE

GIARDINI PUBBLICI INDRO MONTANELLI ★

Giardini Pubblici Indro Montanelli
M1 Palestro.
Ouvert de novembre à février de 6h30 à 20h, en mars, avril et octobre de 6h30 à 21h, de mai à septembre de 6h30 à 23h30. Entrée libre.
Jardin préféré des Milanais, c'est un havre de paix pour toutes les générations. Les enfants s'amusent sur les manèges, les ados jouent au foot, les sportifs y font leur jogging, les amoureux s'embrassent sur les bancs et les personnes âgées profitent de la fraîcheur de ses arbres séculiers. Ce parc remontant au XVIIIe siècle, aujourd'hui dédié au célèbre journaliste Indro Montanelli, accueille le musée municipal d'Histoire naturelle, le Planétarium et le Palazzo Dugnani (XVIIe siècle).

MUSEO BAGATTI-VALSECCHI ★

Via Gesù, 5 ✆ +39 02 76 00 61 32
www.museobagattivalsecchi.org
M3 Montenapoleone.
Du mardi au dimanche de 13h à 17h45. Entrée 10 €, réduit 7 €. Mercredi : entrée 7 €.
Les deux frères Fausto et Giuseppe Bagatti Valsecchi rassemblèrent une extraordinaire collection d'objets d'art, de tapisseries et de peintures du XVe et XVIe siècle. On visite la chambre à coucher de Fausto, avec son grand lit en bois sculpté et sa salle de bains, une incroyable synthèse de confort moderne et d'esthétique ancienne. Dans la « chambre rouge », chambre nuptiale, se trouve le tableau de Giovanni Bellini, *Sainte Justine Borromée*. Une galerie d'armes complète la visite du musée.

MUSEO DEL 900 ★★

Palazzo dell'Arengario
Piazza del Duomo
✆ +39 02 8844 4061
www.museodelnovecento.org
c.museo900@comune.milano.it
Lundi de 14h30 à 19h30, mardi, mercredi, vendredi et dimanche de 9h30 à 19h30, jeudi et samedi de

Museo Del 900.

9h30 à 22h30. Entrée : 5 €, réduit 3 €. Gratuit le premier et le troisième mardi du mois à partir de 14h.

Au cœur de Milan, le musée du XXe siècle est le dernier fleuron culturel de la ville. Situé sur la place du Dôme, dans le palais de l'Arengario, imposante architecture rationnaliste des années 1920, 8 200 m2 d'art se déploient sur trois étages avec vue sur la place.

Plus de 400 œuvres les plus représentatives des courants artistiques du dernier siècle enchantent le visiteur qui ne peut s'empêcher de s'arrêter et méditer quelques instants dans chaque salle. Du futurisme à l'Arte Povera, répondent à l'appel Balla, Boccioni, de Chirico, Morandi, Sironi, Carrà, Guttuso, Manzoni. Mais aussi des étrangers comme Braque, Picasso et Kounellis. Une salle entière est réservée à Lucio Fontana. Son *Soffitto Spaziale* (plafond spatial) réalisé en 1956 pour le plafond d'un hôtel sur l'île d'Elbe est quelque chose de transcendant. Grâce aux immenses baies vitrées qui ouvrent sur la place, les œuvres dialoguent directement avec l'extérieur, comme si elles se voulaient « accessibles à tous ». Ainsi le *Quatrième Etat* de Pellizza da Volpedo semble s'avancer directement vers le promeneur insouciant du Milan d'aujourd'hui.

MUSEO DEL RISORGIMENTO ★

Via Borgonuovo, 23

✆ +39 02 88 46 41 77

www.museodelrisorgimento.mi.it

c.museorisorgimento@comune.milano.it

M3 Montenapoleone.

De mardi à dimanche de 9h à 13h et de 14h à 17h30. Entrée libre.

Comme chaque grande ville italienne, Milan se doit de posséder son musée du Risorgimento, cette période historique où le fervent patriotisme des Italiens, habitants d'une nation morcelée, conduisit à l'unité du pays en 1861. A travers une intéressante collection de peintures, sculptures et de documents divers, le visiteur reparcourt les étapes de la création du royaume d'Italie.

MUSEO DI STORIA NATURALE ★

Corso Venezia, 55

✆ +39 02 88 46 33 37

M1 Palestro.

Ouvert du mardi au dimanche de 9h à 17h30. Entrée 5 €, tarif réduit 3 €. Gratuit le premier et le troisième mardi du mois à partir de 14h.

Derrière les grilles des jardins publics, le museum d'Histoire naturelle est le plus ancien musée de Milan et le plus important d'Italie dans ce secteur. Il accueille dans 23 salles d'intéressantes collections permanentes de minéralogie, paléontologie, histoire naturelle de l'homme et de zoologie. La partie la plus fascinante est celle dédiée aux dinosaures. La reconstruction spectaculaire d'un squelette de *Triceratops* est devenue depuis son installation dans les années 1970, un peu le symbole du musée. Répond à l'appel également un exemplaire de *Tyrannosaurus rex*. Une visite impressionnante qui ne manquera pas de satisfaire grands et petits.

MUSEO TEATRALE ALLA SCALA ★★

Largo Ghiringhelli, 1

✆ +39 02 8879 2473

Voir page 14.

CENTRE HISTORIQUE

MUSEO POLDI PEZZOLI ★★

Via Manzoni, 12
✆ +39 02 796 334
www.museopoldipezzoli.it
ferraris@museopoldipezzoli.it
M1, M3 Duomo.

Tous les jours de 10h à 18h, sauf le mardi. Entrée 14 €, réduit 6 €. Billet combiné avec le Museo Bagatti Valsecchi, la Casa Boschi di Stefano et la Villa Necchi Campiglio : 20 €.

Au cœur du Quadrilatère de la Mode, voici une « maison-musée » dont le charme historique ne manquera pas de séduire même les plus sceptiques. Ce petit écrin de joyaux artistiques a été voulu par Gian Giacomi Poldi Pezzoli à partir de 1850, grand collectionneur au goût très original et bien affirmé. Amateur d'art, sa collection rassemble un ensemble fascinant de pièces du Moyen Age à la fin du XIXe siècle, placée dans un cadre qui restitue parfaitement le style de vie de la haute société milanaise à cette époque. On s'étonne de découvrir dans ces riches salons un Botticelli, des œuvres de Mantegna, Bellini, Piero della Francesca, Tiepolo et le doux profil de la *Madone* du Pollaiuolo. Le plus étonnant reste la collection de pièces d'horlogerie ancienne, de vrais petits bijoux de technologie.

PADIGLIONE D'ARTE CONTEMPORANEA ★

Via Palestro, 14
✆ +39 02 884 463 60
M1 Palestro.

Mercredi, vendredi, samedi et dimanche de 9h30 à 19h30, mardi et jeudi de 9h30 à 22h30. Entrée 8 €, réduit 6,50 €. Tarif réduit les mardis et jeudis à partir de 19h.

Une structure élégante, dont les vastes espaces sont le fruit du projet de l'architecte Ignazio Gardella qui en 1979 restaura l'édifice, abrite aujourd'hui une intrigante collection d'art contemporain. Fidèle aux grands classiques mais autant intéressé par les talents émergents, le PAC organise d'intéressantes expositions relatives à tous les domaines de l'art contemporain, de la sculpture à l'audiovisuel, de l'infographisme à la photographie,

Museo Poldi Pezzoli.

Palazzo Reale.

de la peinture au graphisme. Il s'agit d'une vitrine pour l'art contemporain dont Milan était déficiente et qui ne cesse d'attirer un public toujours plus grand. Le PAC a fait les gros titres des journaux italiens lorsqu'en 1993 il fut entièrement détruit par un attentat d'origine mafieuse.

PALAZZO REALE ★

Piazza Duomo, 12
www.palazzorealemilano.it
c.mostre@comune.milano.it
M1, M3 Duomo.
Expositions selon calendrier. Tarifs variables. Ouvert le lundi de 14h30 à 19h30, les autres jours de 9h30 à 19h30 (jeudi et samedi jusqu'à 22h30).
Si, malheureusement, la splendeur des salles intérieures a disparu avec les bombardements de 1943, on peut encore en deviner les fastes en parcourant ses salons lors des récurrentes expositions temporaires. Celui qui depuis le Moyen Age a toujours été la demeure favorite des gouverneurs de Milan (Torriani, Visconti, Sforza, les gouverneurs espagnols, l'archiduc Ferdinand d'Autriche), est aujourd'hui le principal centre d'exposition de la ville. Ses expos à la fois classiques et d'avant-garde (Van Dick, Steve McCurry, Vivienne Westwood...) ne cessent d'attirer un public toujours plus nombreux.

PALAZZO MARINO ★

Piazza della Scala, 2
www.comune.milano.it/palazzomarino
M1, M3 Duomo.
Ce bel exemple d'architecture maniériste se trouve juste en face du théâtre de la Scala. Construit en 1523 par une famille de riches banquiers génois, ce palais est l'un des plus intéressants hôtels particuliers de Milan et un chef-d'œuvre du XVe siècle, réalisé par l'architecte Galeazzo Alessi. Sa cour intérieure, richement décorée, est remarquable. Aujourd'hui, le Palazzo Marino est le siège de la mairie de Milan, il n'est donc pas ouvert à la visite (sauf virtuellement sur le site Internet), mais vous pouvez en admirer la façade assis sur les bancs en pierre qui entourent la statue de Léonard de Vinci.

PALAZZO MORANDO ★

Via Sant'Andrea, 6
✆ +39 02 88 46 57 35
www.costumemodaimmagine.mi.it
De mardi à dimanche de 9h à 13h et de 14h à 17h30. Entrée libre.

Dans ce beau palais au cœur du Quadrilatère de la Mode, découvrez les racines de l'engouement des Milanais pour l'élégance vestimentaire. A travers l'exposition d'une collection d'habits, d'accessoires, d'uniformes, de chapeaux, de chaussures, d'éventails, de broderies et de tissus, le parcours conduit le visiteur à travers l'histoire du costume du XVIIIe siècle à nos jours. Tableaux, sculptures et estampes illustrant les atmosphères passées de la ville et ses personnages historiques complètent l'ensemble. Plus qu'un musée de la mode, un musée du style 100% milanais.

PINACOTECA AMBROSIANA ★★

Piazza Pio XI, 2 ✆ +39 02 806 921
www.ambrosiana.eu
arocca@ambrosiana.it
M1 Cordusio.

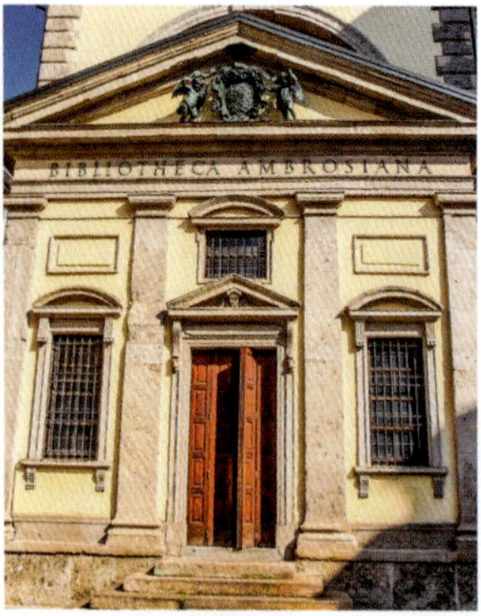

© CLAUDIO DIVIZIA – SHUTTERSTOCK.COM

Pinacoteca Ambrosiana.

Du mardi au dimanche de 10h à 18h. Entrée 15 €, réduit 10 €.

Musée doté d'œuvres superbes et pourtant peu connu pour ses trésors. La Pinacoteca Ambrosiana conserve la riche collection de peintures et d'objets d'art ayant appartenu au cardinal Federico Borromeo au XVIIe siècle. Parmi elles l'esquisse pour *L'Ecole d'Athènes* de Raphaël et la *Nature morte* de Caravage. La deuxième partie du legs du cardinal est conservée dans la bibliothèque du même palais : plus de 75 000 volumes et 35 000 manuscrits. Uniques au monde, les planches du *Codex Atlanticus* – l'incroyable recueil de dessins et de notes réalisé par Léonard de Vinci – ne sont malheureusement que très rarement exposées. Avis aux curieux, la Pinacothèque conserve également une mèche de cheveux de Lucrèce Borgia...

PIAZZA DEI MERCANTI ★

Piazza dei Mercanti
M1, M3 Duomo

Un coin du Milan médiéval est ici miraculeusement conservé, loin des regards indiscrets et du trafic chaotique de la ville. Aménagée en 1251, la place était autrefois fermée par quatre portes correspondant aux activités mercantiles dans lesquelles Milan excellait et dont aujourd'hui il ne reste plus que le souvenir dans les rues adjacentes : Via Spadari, la rue des fabricants d'épées, Via Orefici, la rue des orfèvres, Via Cappellari, celle des chapeliers et enfin Via Armorari, la rue des armuriers. Prenez le temps de promener votre regard autour des bâtiments de cette place où rien ne semble avoir changé depuis le Milan communal.

Palais de la Raison (Palazzo della Ragione) situé sur la Piazza dei Mercanti.

Palazzo della Ragione, ou Broletto Nuovo, occupe presque tout le côté nord. Siège administratif de la Lombardie communale jusqu'en 1770, c'est là que les juges rendaient la justice.

Loggia degli Osii, élégante loggia en marbre blanc et noir construite en 1316, dont les niches abritent des statues d'origine représentant les saints patrons de Milan et la Vierge Marie.

Casa Panigarola, également appelée palais des Notaires car c'est là qu'étaient conservés les actes administratifs de la seigneurerie de Milan.

Scuola Palatina, la construction actuelle date du XVIIe siècle mais le palais originel, bâti à l'époque communale, était le siège des écoles de droit, d'éloquence, de médecine et de mathématiques de Milan.

PINACOTHÈQUE DE BRERA ★★★

Via Brera, 28 ✆ +39 02 722 631

Voir page 20.

ORTO BOTANICO BRAIDENSE ET OSSERVATORIO ASTRONOMICO

Via Brera, 28

✆ +33 2 89 01 04 19

M1, M3 Duomo.

Orto Botanico du lundi au vendredi de 9h à 16h30, l'été de 9h à 18h. Osservatorio Astronomico du lundi au vendredi de 9h à 16h30. Entrée libre.

Annexes à la célèbre pinacothèque, le jardin botanique et l'observatoire astronomique parachèveront votre découverte des fondamentaux de Brera. Voulu par Marie-Thérèse d'Autriche et ancienne propriété des Jésuites, le jardin botanique est un oasis de verdure à ciel ouvert qui compte plusieurs spécimens de plantes rares et précieuses, tandis qu'au 5e étage du Palazzo, une intrigante galerie conserve une belle collection d'instruments astronomiques anciens dont deux télescopes employés par Schiapparelli pour observer la planète Mars. Le tout est gratuit !

PLANETARIO ULRICO HOEPLI ★

Corso Venezia, 57

✆ +39 02 88 46 33 40

www.comune.milano.it/planetario

M1 Palestro.

Séances d'observation selon calendrier (en général samedi et dimanche de 15h à 16h30). Entrée 5 €, tarif réduit 3 €. Calendrier des activités en ligne.

Des générations d'écoliers milanais y ont appris à découvrir les étoiles, les planètes et les constellations, mais découvrir l'univers sous la fascinante coupole ronde est une expérience intéressante pour tous.

SAN SIMPLICIANO ★

Piazza San Simpliciano

www.sansimpliciano.it

segreteria@sansimpliciano.it

M2 Lanza.

Ouverture de 7h30 à 19h du lundi au vendredi. Le samedi et le dimanche de 7h30 à 12h et de 15h à 19h.

L'une des premières basiliques fondées par saint Ambroise au IVe siècle. Sa construction fut terminée par San Simpliciano, dont elle porte le nom et qui la choisit pour son dernier repos. L'église a connu plusieurs remaniements au cours des siècles, notamment au VIIe et au XIe puis au XIXe, mais la structure originale a perduré et l'ensemble a gardé son aspect simple et harmonieux. Sa façade fut décorée de vitraux représentant la bataille de Legnano, qui a opposé les communes lombardes et l'empereur Barberousse au XIIe siècle. L'abside abrite une précieuse fresque du Bergognone (1470-1523), *Le Couronnement de Marie.*

VIA MONTENAPOLEONE ★

La rue la plus glamour de la ville est le cœur battant du Quadrilatère de la Mode. Tout fashionista se doit de la parcourir. Bordé d'élégants hôtels particuliers d'époque, ce faubourg Saint-Honoré milanais divertit et distrait, même si on n'a pas l'intention d'y laisser toutes ses économies dans l'une des enseignes qui le bordent. Prenez le temps de regarder les vitrines, de dénicher les dernières tendances et de boire un petit café chez Cova ou chez Marchesi, cafés légendaires où l'on aime voir et être vu.

VILLA NECCHI CAMPIGLIO ★

Via Mozart, 14 ✆ +39 02 7634 0121
www.visitfai.it/villanecchi
fainecchi@fondoambiente.it
M1 Palestro. Bus 94.
Ouvert du mercredi au dimanche de 10h à 18h. Entrée 14 €. Billet combiné avec le Museo Bagatti Valsecchi, la Casa Boschi di Stefano et le Poldi Pezzoli : 20 €.

Entourée par un vaste jardin avec piscine, cette somptueuse villa urbaine construite entre 1932 et 1935 illustre le train de vie élevé des sœurs Necchi. A l'intérieur, deux collections différentes : des peintures du début XXe siècle et une série d'objets d'art et de tableaux du XVIIIe siècle. A ne pas rater, le ravissant café-restaurant dans le jardin.

SE RESTAURER

SUR LE POUCE

LUINI

Via Santa Redegonda, 16
✆ +39 02 8646 1917
www.luini.it – info@luini.it
M1, M3 Duomo.
Ouvert le lundi de 10h à 15h, et du mardi au samedi de 10h à 20h.
Boulangerie atypique, Luini doit sa célébrité à une spécialité gourmande des Pouilles, les *panzerotti.* Ces beignets salés farcis de mille et une façons ne cessent de ravir grands et petits depuis trois générations.

© LUINI

Luini connu du Tout-Milan pour ses panzerotti.

PASCUCCI

Corso Europa, 22
✆ +39 02 3659 6516
https://www.pascucci.it/
Ouvert tous les jours de 7h30 à 19h.
Une bonne adresse pour prendre son petit déjeuner non loin du Duomo. Vaste choix de boissons chaudes et de viennoiseries. Nous conseillons tout de même l'incontournable combo *cappuccino-brioche* ! Le café est accueillant, avec une grande salle à la décoration industrielle au sous-sol. Une autre adresse à Milan, dans le quartier Isola.

PAUSE GOURMANDE

CIACCO

Via Spadari, 13
✆ +39 02 39 66 35 92
www.ciaccogelato.it
info@ciaccogelato.it
Du lundi au samedi de 8h à 21h. Dimanche de 14h à 21h.
Une autre adresse gourmet parmi la longue liste de celles de la Via Spadari.

© PHILIPPE GUERSAN – AUTHOR'S IMAGE

Grom est un glacier très apprécié pour ses produits naturels.

Ciacco propose « de la glace et c'est tout », car le défi du jeune *gelataio* Stefano Guizzetti a été celle de créer une glace sans aucun additif naturel ou chimique. La différence est bien là, dans les parfums les plus courus, comme dans les plus insolites. Goutez à l'abricot, au potiron ou encore aux pignons, à la noix et à la réglisse.

GROM

Via Santa Margherita, 16
✆ +39 02 8058 1041
www.grom.it
cremonacampi@gromstores.it
M1, M3 Duomo.
Un glacier connu et reconnu : ses produits rigoureusement naturels proviennent directement des producteurs. Les meilleurs parfums ? Noisette du Piémont et crème de Grom. Plusieurs autres points de vente à Milan, dont un corso di Porta Romana.

Autres adresses : Via A. da Giussano 1, Corso di Porta Ticines 51, Corso Buenos Aires 13

T'A MILANO

Via Clerici, 1
✆ +39 02 97 37 59 19
www.tamilano.com
reservation@tamilano.com
Le lundi de 8h à 14h30, du mardi au vendredi de 8h à minuit, le samedi de midi à minuit. Addition 20-40 €.
Voici de quoi faire pâlir les chocolatiers belges et suisses : deux frères, une tradition familiale solide, le choix de matières premières extrêmement sélectif, un packaging design et surtout une passion pour les belles (et bonnes) choses « à l'italienne ! » Pralines, dragées, tablettes et crèmes à tartiner, mais aussi le *panettone* milanais et mille autres douceurs. Voici

la marque qui monte et qui a désormais son café-restaurant tout à elle en plein cœur de Milan.

BIEN ET PAS CHER

ALLA VECCHIA LATTERIA

Via dell'Unione, 6
✆ +39 02 874 401
M3 Missori.
Ouvert le midi du lundi au samedi. Addition 10-30 €.
Cette ancienne laiterie de quartier a eu la brillante idée d'installer une vingtaine de couverts dans sa boutique minuscule. On s'y bouscule donc tous les midis mais pour une bonne raison : les plats végétariens à base de légumes et de laitages sont une vraie explosion de saveurs. Goûtez aux pâtes maison et aux fromages grillés, un vrai délice !

BAB

Via San Marco, 34
✆ +39 02 8342 2356
M2 Moscova.
Du lundi au samedi de 12h à 15h et de 18h30 à 22h30. Addition 6-15 €.
Cuisine coréenne et matières premières italiennes : un mix plus que réussi dans ce petit établissement pas plus grand qu'un mouchoir de poche, où pourtant la queue est toujours longue au déjeuner. Soupes, salades, nouilles et *kims* (petits rouleaux aux algues fourrés au riz) sont à déguster sur les quelques places disponibles ou à emporter.

LIEVITO MADRE AL DUOMO

Largo Corsia dei Servi, 11
✆ +39 02 45 37 59 30
M1 San Babila.
Pizza à partir de 7,50 €.
Gino Sorbillo (le plus grand *pizzaiolo* napolitain) a enfin débarqué à Milan avec ses célèbres *pizze* à la bordure bien épaisse, selon la meilleure tradition napolitaine. A deux pas du Duomo, l'adresse tient plus d'une cantine que d'un véritable restaurant, mais enfin le choix de *pizze* est bien vaste et les ingrédients de première qualité. Pour les inconditionnels du disque tomate-mozza.

MISCUSI
Via Pompeo Litta, 6
✆ +39 345 1339879
www.miscusi.com
litta@miscusi.com
Ouvert tous les jours, de 12h à 15 (15h30 le dimanche) et de 19h à 23h (23h30 le vendredi et le samedi). Addition : 15 €.
Chez Miscusi, les pâtes servies sont fraîches, d'ailleurs vous pourrez admirer le pastier à l'œuvre ! On vous demandera de choisir le type de pâtes que vous désirez (*trofie, tagliatelle, paccheri...*), et votre sauce avant d'ajouter d'éventuels ingrédients comme la *burrata* ou des noix concassées. Si vous préférez vous fier au savoir des cuisiniers, jetez un œil aux spécialités du jour sur l'ardoise. Une ambiance conviviale et des prix très abordables. Quatre autres adresses à Milan, dont une à la *stazione* Centrale.

TRATTORIA DA PINO
Via Cerva, 14
✆ +39 02 7600 0532
M1 San Babila.
Addition autour de 15 €. Formule à 17 €. Fermé le soir et le dimanche.
Une trattoria aux saveurs d'autrefois, où les habitués recherchent un petit quelque chose de familier et de chaleureux. Son menu à prix fixe en fait une adresse au rapport qualité/prix imbattable pour le quartier. Sans surprises, la cuisine populaire joue le premier rôle avec soupes, risottos, viandes bouillies et quelques grillades.

BONNES TABLES

FIORAIO BIANCHI
Via Montebello, 7
✆ +39 02 29 01 43 90
www.fioraiobianchicaffe.it
M3 Turati.
Addition 20-50 €. Fermé le dimanche.
Une touche de raffinement à la française flotte dans les deux charmantes salles du Fioraio Bianchi. René, français d'origine et milanais d'adoption, a fait du plus ancien fleuriste de Milan un lieu romantique et « parfumé » où se régaler du petit déjeuner au dîner en passant par l'apéritif.

STENDHAL « LE MILANAIS »

Marie-Henri Beyle (1763-1841), plus connu sous le nom de Stendhal, fut peut-être le plus grand admirateur de Milan. L'écrivain fasciné par l'Italie, resta à un tel point envoûté par la capitale lombarde qui incarnait pour lui « la beauté parfaite », qu'il se faisait appeler « le Milanais ». C'est lors de son premier passage à Milan entre 1800 et 1802, alors qu'il était enrôlé dans l'armée napoléonienne, qu'il tomba amoureux de la ville. Il y vécut sept ans à partir de 1814 et ici il écrivit, sous le pseudonyme de Louis César Alexandre Bombet, son premier livre sous le titre de *Vies de Haydn, de Mozart et de Métastase.* Amateur assidu de la Scala, Stendhal se mêlait à la haute société milanaise et tomba éperdument amoureux de Matilde Viscontini-Dembowski. Econduit par cette dernière, il quittera définitivement Milan en 1821 et écrira *De l'Amour*, un traité sur le sentiment amoureux.

Fioraio Bianchi.

GIACOMO BISTROT
Via Pasquale Sottocorno, 6
✆ +39 02 7602 2653
www.giacomomilano.com
info@giacomobistrot.com
Tram 9, 23, 29.
Addition 30-70 €. Ouvert tous les jours de midi à minuit.
Ambiance feutrée pour ce bistrot aux airs de brasserie parisienne et de pub anglais. Banquettes de velours rouge, bibliothèque remplie de belles éditions cuivrées et appliques à la lumière tamisée... Voici le cadre dans lequel déguster des burgers et des côtes de bœuf raffinés à n'importe quelle heure de la journée. Un peu plus loin un restaurant, un tabac et une pâtisserie complètent le cadre de l'univers de Giacomo.

IL SALUMAIO DI MONTENAPOLEONE
Via Santo Spirito, 10 - Via Gesù, 5
✆ +33 2 76 00 11 23
www.ilsalumaiodimontenapoleone.it
info@ilsalumaiodimontenapoleone.it
M° Montenapoleone.
Addition 35-50 €. Ouvert du lundi au samedi de 12h à 23h.
Dans la cour de l'élégant palais Bagatti Valsecchi, entre Via Santo Spirito et Via Gesù, ce charcutier-traiteur huppé mérite une visite rien que pour admirer les jambons suspendus face à une cheminée d'époque. Côté restauration, on déguste dans la jolie cour une cuisine italienne de qualité, préparée avec les meilleurs produits.

PACIFICO
Via Moscova, 29
(à l'angle avec Via San Marco)
✆ +39 02 87 24 47 37
www.wearepacifico.it
M2 Moscova.
Addition 40-70 €. Ouvert tous les jours de 12h30 à 14h30 et de 18h30 à 23h30.
Belle nouveauté parmi les restaurants ethno-chic du panorama gastronomique milanais. On est au cœur du Milan qui bouge, juste en face du siège historique du *Corriere della Sera*, le n° 1 de la presse italienne. Aux commandes Guillaume, sympathique et talentueux, et Jaime, plus qu'un chef, un créateur. Inspiration péruvienne dans l'assiette, avec d'excellents *ceviche*, d'intrigants *dim sum*, et des *tiradito* et *causa* goûteux. Dépaysement pour les papilles assuré alors qu'une déco contemporaine d'avant-garde rappelle à l'ambiance fashion de la ville. Cocktail bar pour l'apéro.

LUXE

ARMANI NOBU
Via Pisoni, 1
✆ +39 2 62 31 26 45
M° Montenapoleone.
Addition 50-100 €. Menus de 38 à 45 € le midi, à 100 € le soir. Fermé le dimanche midi.
Dans l'univers minimal chic d'Armani, voici un restaurant japonais à la pointe de la mode. Au cœur du Quadrilatère, dans le concept-store du couturier milanais, c'est l'endroit rêvé pour les amoureux de sushis de qualité. La dégustation sera onéreuse, ne le cachons pas. Mais l'excellent service et la qualité des produits justifient quelque peu l'addition. Parmi les recettes fusion, les classiques sushis et sashimis se partagent la carte avec des tartares de crevettes, un filet de merlan noir parfumé au miso ou un tobanyaki aux champignons japonais.

DON CARLOS

Via Manzoni, 29
✆ +39 02 72 31 46 40
info@ristorantedoncarlos.it
Addition 70-100 €. Ouvert tous les jours uniquement le soir.
Hommage au grand maestro Giuseppe Verdi, le Don Carlos est un hymne à Milan et à son opéra. C'est dans cette ambiance raffinée, que l'on se retrouvait après les spectacles. On déguste du poulpe rôti en crème de maïs, du risotto aux asperges et de l'agneau en croute d'amandes, entouré par tableaux et esquisses provenant du musée du Théâtre.

GIACOMO ARENGARIO

Via G. Marconi, 1
✆ +39 02 7209 3814
www.giacomoarengario.com
info@giacomoarengario.com
M1, M3 Duomo.
Addition environ 70 €. Ouvert tous les jours de 12h à minuit.
Voici l'une des adresses les plus sensationnelles de la restauration milanaise. Non seulement c'est l'équipe de Giacomo (célèbre enseigne gastronomique de Via Pasquale Sottocorno) qui tient les fourneaux, mais son cadre est certainement inégalable : la terrasse du Musée del 900 donnant sur la place du Dôme. Les repas y sont exquis, le service impeccable et la vue imprenable. Un petit salon et le comptoir restent accessibles à ceux qui ne souhaiteraient qu'un apéritif (gourmet bien sûr).

SHOPPING

Le scintillement des vitrines du centre fait écho à celui de l'or de la Madonnina qui du haut du Duomo regarde avec étonnement l'activité frénétique des boutiques les plus tendance d'Italie. Modes, design et gastronomie : c'est dans l'hypercentre que se concentrent la majorité des grandes enseignes italiennes et internationales.

ARMANI VIA MANZONI

Via Manzoni, 31
✆ +39 02 72 31 86 00
www.armani.com
M3 Montenapoleone.
8 000 m2 de collections homme, femme, enfant, d'accessoires, de parfums, de fleurs, de chocolats et de meubles, complétés par un café, une boîte de nuit, un restaurant fusion et maintenant même un hôtel ! L'empire Armani dans toute sa splendeur.

ALESSI

Via Manzoni, 14
✆ +39 02 79 57 26 – www.alessi.it
designproposal@alessi.it
M1 San Babila, bus 54.
Les lignes sympathiques et colorées de ses objets design et fonctionnels envahissent désormais depuis trente ans les cuisines des Italiens. La bouilloire oisillon (posé sur le bec verseur) est un objet culte. Ce magasin du centre bien connu des Milanais devrait déménager prochainement.

BOGGI

Piazza San Babila, 3
✆ +39 02 76 00 03 66
www.boggi.it
info@boggi.it
M3 San Babila, bus 54, 94.
Classique et indémodable, Boggi est l'adresse d'habillement pour homme. Les coupes sont toujours impeccables et la qualité est très satisfaisante.

Autres adresses : Largo Augusto 3 ; Corso di Porta Romana 76

BORSALINO

Galleria Vittorio Emanuele II, 92
✆ +39 02 89 01 54 36
www.borsalino.com
M1, M3 Duomo.
Depuis 1857 les créations du plus célèbre chapelier d'Italie sont toujours aussi irréprochables autant pour la qualité des matériaux, que pour l'élégance de leur coupe.

CAVALLI E NASTRI

Via Brera, 2 ✆ +39 02 720 004 49
www.cavallienastri.com
info@cavallienastri.com
Boutique ravissante où trouver robes, chaussures, bijoux et accessoires rigoureusement vintage.

Autre adresse : Via G. Giacomo Morra 12.

COLIBRÌ

Via Laghetto, 9/11
✆ +39 02 76 394 899
www.colibrimilano.it
info@colibrimilano.it
Café ouvert le lundi de 8h à 22h, du mardi au vendredi de 8h à 00h et le samedi de 15h à 00h. Les horaires d'ouverture de la librairie peuvent varier.
Un café littéraire où l'on se sent bien. Que ce soit pour boire un cappuccino, s'offrir un livre ou assister à l'un des nombreux événements organisés par l'équipe (rencontres littéraires, expositions, club de lecture...), Colibrì est une petite pépite à découvrir.

FABRIANO

Via Ponte Vetero, 17
✆ +39 02 76318754
www.fabrianoboutique.com
Du lundi au samedi de 10h à 19h30.
Le magasin de la marque, célèbre pour sa production de papier depuis 1264, concentre toute sa valeur ajoutée sur la qualité incroyable de ses matériaux. 100% écolo, on y trouve des objets variés comme des carnets de voyage, un annuaire des anniversaires, un set d'origami, des règles réalisées à la main avec 9 types de bois différents, mais aussi des cahiers, des trousses, des agendas, des pochettes de travail, des gommes, des bloc-notes...

Magasin de chaussures Via Solferino.

GOÛTS ET SAVEURS DE LA VIA SPADARI

Dans le Milan médiéval, le long de cette rue se trouvaient les ateliers des fabricants d'armes et d'épées (les *spadari*). Aujourd'hui c'est un concentré de commerces gastronomiques et de restaurants de grande qualité (pour toutes les bourses) où la qualité des produits est irréprochable. www.spadariviadelgusto.it

■ **NOBERASCO**
Via Spadari, 11 ✆ +39 02 99 20 10 22
www.noberasco1908.it
Lundi 11h-19h, de mardi à samedi 10h-19h.
Un marchand de fruits confits digne des Mille et Une Nuits ! La boutique orientalisante vaut le détour à elle seule. Une garantie de qualité depuis 1908.

■ **OTTIMO MASSIMO**
Via Victor Hugo, 3 - Angle Via Spadari
✆ +39 02 4945 7661 – www.ottimomassimogourmet.it
M1, M3 Duomo.
Addition 10-20 €. Du lundi au vendredi de 7h à 20h. Le week-end de 10h à 19h.
Jeune, branché et bio... Que demander de plus à ce nouveau café-bistrot « in » qui est désormais la cantine verte et gourmande du centre-ville milanais ? A l'ombre du Dôme, parmi les commerces gastronomiques de la Via Spadari, Ottimo Massimo propose des plats extra frais à base d'ingrédients de premier choix. Soupes, salades, tartares, veloutés, couscous et sandwichs sont beaux à voir et bons à manger.

■ **PECK**
Via Spadari, 9 ✆ +39 02 802 3161
www.peck.it – peck@peck.it
M° Duomo. Trams 2, 3, 14.
Ouvert le lundi de 15h à 20h, du mardi au samedi de 9h à 20h, le dimanche de 10h à 17h.
L'épicerie la plus fine et une cave de plus de 40 000 étiquettes font de Peck le magasin le mieux approvisionné mais aussi le plus cher de Milan. Voici le fournisseur, depuis 120 ans, de la Milan bourgeoise et aisée.

■ **PESCHERIA SPADARI**
Via Spadari, 4 ✆ +39 02 87 82 50
www.pescheriaspadari.it – pescheria@pescheriaspadari.it
M1, M3 Duomo.
Addition environ 15 €. Du mardi au vendredi déjeuner 12h30-14h30. Bistrot du mercredi au samedi de 19h30 à 22h30, samedi et dimanche de 12h30 à 14h30.
Voici la poissonnerie la plus ancienne de Milan ! Depuis 1935 les produits de la mer arrivent sur la table des Milanais en passant d'abord par la Pescheria Spadari. On peut même désormais déguster coquillages et crustacés, mais aussi fritures de poisson, grillades citronnées et risotto aux gambas, sur le pouce à midi, au comptoir entre les étalages glacés.

Corso Vittorio Emanuele II.

FORNASETTI

Corso Venezia, 21A
✆ +39 02 8416 1374
www.fornasetti.com
Ouvert tous les jours de 10h à 19h. Autre adresse : Corso Giacomo Matteotti, 1A.
Décorateur d'intérieur, peintre, avant tout artiste, Piero Fornasetti marqua l'histoire du design au XXe siècle. Vous trouverez ici ses pièces mises en vente. Symboles de sa création : ces fameuses assiettes sur lesquelles est représenté le visage d'une femme envoûtante, aux allures changeantes.

KARTELL

Via Carlo Porta, 1
✆ +39 02 659 7916
www.kartell.it
M3 Turati.
Lundi de 15h à 19h, du mardi au samedi de 10h à 19h.
La boutique est aussi fascinante que les articles en vente. Et pour ceux qui disposent d'une voiture, 10 % à 35 % de rabais à l'*outlet* de Noviglio (30 min. du centre) aussi bien sur les pièces classiques que sur les nouveautés.

LIBRERIA HOEPLI

Via Hoepli, 5 ✆ +39 02 86 48 71
www.hoepli.it – info@hoepli.it
Du lundi au samedi de 9h à 19h30.
Au dos du Duomo et à deux pas de la Scala, la plus ancienne librairie de la ville étale ses 500 000 titres sur 2 kilomètres d'étagères et six étages ! Également des ouvrages en langues étrangères, dont le français.

MERÙ GIOIELLI

Via Solferino, 3
✆ +39 02 86 46 07 00
www.merugioielli.it
shop@merugioielli.it
Un bijoutier de conte de fée, avec plein de petites choses ravissantes. Débarqué de sa Sardaigne natale dans les années 1960, Monsieur Merù commence à réparer des montres et des horloges. Petit à petit ses pendentifs en émail peint et ses boucles d'oreilles deviendront des incontournables à offrir pour baptême et première communion. En rentrant dans la boutique, regardez sur le pas de la porte : des horloges anciennes sont encaissées dans le plancher !

CENTRE HISTORIQUE

Merù Gioielli.

PORSELLI
Piazza Ferrari, 6
✆ +39 02 80 53 759
www.porselli.it
info@porselli.it
M1, M3 Duomo.
Le lundi de 15h à 19h30, et du mardi au samedi de 9h à 12h30 et de 15h à 19h30.
Le Repetto italien dessert en ballerines exquises non seulement les danseuses étoiles de la Scala, mais également tous les amateurs de cet élégant soulier. Ouverte depuis 1919, une enseigne qui est entrée dans l'histoire de la chaussure pour son chic intemporel.

LA RINASCENTE
Piazza Duomo, 10
✆ +39 02 885 21
www.rinascente.it
M1, M3 Duomo.

LE QUADRILATÈRE DE LA MODE

Quatre rues 100 % fashion délimitent un périmètre « doré » où la mode des podiums se matérialise devant vos yeux comme par magie. Et si votre portefeuille ne le permet pas, ce concentré de boutiques de luxe vaut le détour rien que pour capter les tendances de la saison. Voici les principales enseignes.

- **Dolce & Gabbana** – Via della Spiga 2 ; Corso Venezia 15 - ✆ +39 02 76 00 11 55.
- **Tod's** – Via della Spiga 22 - ✆ +39 02 76 00 24 23.
- **Roberto Cavalli** – Via Montenapoleone, 6 ; Via della Spiga 42 - ✆ +39 02 76 02 09 00.
- **Sergio Rossi** – Via Montenapoleone 27 - ✆ +39 02 76 00 61 40.
- **Fratelli Rosetti** – Via Montenapoleone 1 - ✆ +39 02 76 02 16 50.
- **Gucci** – Via Montenapoleone 5-7 ; Galleria Vittorio Emanuele II – ✆ +39 02 77 12 71.
- **Etro** – Via Montenapoleone 5 - ✆ +39 02 76 00 50 49.
- **Versace** – Via Montenapoleone 11 - ✆ +39 02 76 00 85 28.
- **Valentino** – Via Montenapoleone 20 - ✆ +39 02 76 00 61 62.
- **Alberta Ferretti** – Via Montenapoleone 18 – ✆ +39 02 76 00 30 95.
- **Salvatore Ferragamo** – Via Montenapoleone 3 - ✆ +39 02 76 00 00 54.
- **Missoni** – Via Sant'Andrea, 2 - ✆ +39 02 76 00 35 55.
- **Prada** – Via Montenapoleone 6, Via Sant'Andrea 21 ; Galleria Vittorio Emanuele II – ✆ +39 02 77 71 771.
- **Moschino** – Via Sant'Andrea 25 ; Via della Spiga 30 - ✆ +39 02 76 00 43 20.
- **Miu Miu** – Via Sant'Andrea 21 - ✆ +39 02 76 00 17 99.
- **Fendi** – Via Sant'Andrea 16 - ✆ +39 02 76 02 16 17.
- **Trussardi** – Via Sant'Andrea 5 ; Piazza Scala 5 - ✆ +39 02 80 68 82 42.

Du lundi au samedi de 9h30 à 22h. Le dimanche, de 10h à 22h.
C'est le poète et écrivain Gabriele D'Annunzio qui baptisa le premier centre commercial d'Italie « la Renaissante », après qu'un incendie l'eut détruit en 1917. Aujourd'hui ces Galeries Lafayette milanaises rassemblent toutes les grandes marques, de la lingerie aux articles de cuisine. Au sous-sol, le Design Supermarket est quant à lui un rayon design et branché à souhait. Au dernier étage, un bar-restaurant très séduisant par sa vue sur la forêt de statues du Duomo permettra de faire une pause agréable entre deux séances de shopping.

C'est les soldes chez La Rinascente, Corso Vittorio Emanuele II.

VETRERIE DI EMPOLI
Via Montenapoleone, 22
✆ +39 02 76 00 87 91
www.vetreriediempoli.it
info@vetreriediempoli.it
M3 Montenapoleone.
Du mardi au samedi de 10h à 19h. Le lundi à partir de 15h.
Sans nul doute la boutique la plus ensoleillée de la rue : verres, coupes, plats et lampadaires en verre soufflé et peint qu'on dirait sortis d'un conte de fées. Passez-y en période de Noël... féerique.

Caffè Zucca situé au sein de la Galleria Vittorio Emanuele II.

SORTIR

CAFÉS - BARS

BAR HOTEL BULGARI

Via Privata Fratelli Gabba, 7/b
✆ +39 02 805 8051
www.bulgarihotels.com
M3 Montenapoleone, tram 2.
Ouvert tous les jours de 7h à 1h.
Entouré par un parc splendide, en plein cœur de Milan, l'hôtel du célèbre bijoutier italien, abrite un *lounge-bar* glamourissime. Prendre un brunch ou un apéritif ici, c'est se mettre pendant quelques instants dans la peau d'un *jet-setteur.*

CAMPARINO IN GALLERIA

Galleria Vittorio Emanuele II, angle Piazza Duomo
✆ +39 02 8646 4435
www.camparino.it
info@caffemiani.it
M1, M3 Duomo.

© PHILIPPE GUERSAN – AUTHOR'S IMAGE

Caffè Cova.

Ouvert du mardi au dimanche de 0h30 à 1h.
Fondé en 1915, sous la Galleria Vittorio Emanuele II, ce café fut fréquenté par des Italiens illustres comme Giacomo Puccini. L'intérieur recouvert de mosaïques Art nouveau et le salon de thé au 1er étage sont le lieu idéal pour discuter en savourant le *rabarbaro zucca*, un célèbre apéritif italien à base de rhubarbe, inventé dans ce même café il y a près d'un siècle. Entièrement rénové il y a quelques années, une touche de design s'ajoute au charme de la tradition.

CAFFÈ COVA

Via Montenapoleone, 8
✆ +39 02 7600 5599
www.pasticceriacova.com
M3 Montenapoleone.
Ouvert du lundi au samedi de 7h45 à 20h.
Un des cafés les plus chics et les plus anciens de Milan. Ses origines datent de 1817 lorsque Antonio Cova choisit son emplacement stratégique entre la Via Verdi, à côté de la Scala, et la Via Manzoni. Détruit pendant la Seconde Guerre mondiale, le Caffè Cova fut reconstruit en 1950 et transféré Via Montenapoleone. Eternel repaire d'intellectuels, de politiciens et de fans de shopping, Cova ne déçoit jamais avec ses délicates pâtisseries sucrées et salées, ses cocktails d'été et ses boissons chaudes en hiver et son restaurant parfait pour une halte à midi.

IL FOYER

Piazza Scala, 2
(angle Via Filodrammatici)
✆ +39 02 72 09 4338
M1, M3 Duomo.
Ouvert du lundi au samedi, de 8h à minuit.

FASHION FOODS

Ce n'est pas un hasard si depuis quelque temps les professionnels de la mode mettent leur créativité à l'épreuve de la restauration. Un défi relevé par plusieurs grands couturiers, qui affichent aux côtés de leurs boutiques, des cafés et des restaurants ultra-fashion. Voici les plus glamours.

■ **BAR MARTINI**
Corso Venezia, 15
✆ +39 02 760 111 54
www.dolcegabbana.it
advertising@dolcegabbana.it
M1 San Babila.
Ouvert de 10h à 22h. Fermé le dimanche.
Lampadaire en verre de Murano, marbre noir, enseignes en néons et cocktails au Martini... Voilà une belle création des deux couturiers Dolce & Gabbana qui ne peut que séduire pour déjeuner (excellente cuisine recherchée) ou pour siroter un cocktail.

■ **CAFÉ TRUSSARDI**
Piazza Scala, 5
✆ +39 02 80 68 82 95
www.trussardi.com
customercare@trussardi.com
M1, M3 Duomo.
Ouvert du lundi au vendredi, de 7h30 à 23h. Le samedi, de 12h à 23h. Le dimanche, de 12h à 20h.
A l'ombre de la Scala, un jardin suspendu recouvre une verrière design. Le botaniste français Patrick Blanc est l'auteur de cet ensemble fashion, antenne de la boutique voisine. Dommage que *lunches* et apéros ne soient pas à la hauteur du cadre.

■ **EMPORIO ARMANI CAFÉ**
Via Croce Rossa, 2
✆ +39 02 72 31 86 80
M3 Montenapoleone.
Addition 25-50 €. Du lundi au vendredi ouvert de 8h à 20h et le samedi et le dimanche de 9h à 20h.
Récemment rénové, le café du mégastore Armani propose des formules quiche + salade et club sandwich, au déjeuner comme au dîner. Pour les adeptes du bio, un défilé de plats de viande, poisson et légumes vous seront servis suivant des recettes élégantes et créatives à l'image de l'univers Armani.

Pour une flûte de prosecco et d'exquis amuse-gueules avant, après ou pendant une soirée à l'opéra, le restaurant du Ducasse milanais, Gualtiero Marchesi, fait toujours sensation. Récemment rénové, il propose, entre autres, à chaque entracte des spectacles de la Scala, des bols de risotto à la milanaise à croquer sur le pouce mais jamais sans élégance.

IL BAR

Dernier étage de La Rinascente
Via Santa Radegonda, 16
✆ +39 02 885 2454
www.rinascente.it
M1, M3 Duomo.
Ouvert tous les jours de 9h30 à 22h. Après la fermeture du grand magasin, accès par les entrées latérales sur les deux côtés du bâtiment.
Pour boire un verre nez-à-nez avec la Madonnina ou presque. Le bar au dernier étage de la Rinascente, les Galeries Lafayette milanaises, à l'ombre du Duomo, n'a pas d'équivalent pour son emplacement d'exception.

LÙBAR

Via Palestro, 16
✆ +39 02 83 52 77 69
www.lubarstreetfood.com
Du mardi au samedi de 8h à minuit. Lundi et dimanche fermeture à 23h.
La cafétéria de la Gam (Galleria d'Arte Moderna) a des allures de défilé de mode. En effet, ce sont les enfants de la styliste milanaise Luisa Beccaria qui ont ouvert ce bel espace, dans l'orangerie du *palazzo* néoclassique, pour y servir une cuisine aux saveurs siciliennes. Pâtes, poissons et *arancini* sentent bon le soleil, tout comme les smoothies, les cocktails et les pâtisseries du petit déjeuner. Ravissant et romantique à toute heure de la journée.

MARCHESI

Galleria Vittorio Emanuele II
✆ +39 02 94 18 17 10
www.pasticceriamarchesi.com
info.galleria@pasticceriamarchesi.com
M1, M3 Duomo.
Tous les jours de 7h30 à 21h.
Prada vient d'ouvrir à Milan, face à son magasin emblématique de la galerie Vittorio Emanuele, un nouveau Marchesi, célèbre pâtissier presque bicentenaire du quartier de Sant'Ambrogio, racheté par la griffe italienne. Déguster brioches, *cappuccini* et *panettoni* dans un décor raffiné aux couleurs de bonbons anglais fait aussi partie de l'expérience milanaise...

N'OMBRA DE VIN

Via San Marco, 2
✆ +39 02 659 9650
www.nombradevin.it
M3 Turati. Bus 43, 94, 61.
Ouvert de 9h à 24h.
Au cœur du quartier de Brera, voici un bar à vin d'exception aménagé dans l'ancien réfectoire des frères augustiniens de la paroisse voisine de San Marco. Aperitivo ou après-dîner, l'ambiance y est sympathique, décontractée, à la fois tendance et hors du temps.

SANT'AMBROEUS

Corso Matteotti, 7
✆ +39 02 7600 0540
www.santambroeusmilano.it
info@santambroeusmilano.it
M1 San Babila.
Ouvert tous les jours de 7h45 à 20h30.

© PHILIPPE GUERSAN – AUTHOR'S IMAGE

Pâtisserie Sant'Ambroeus.

Ouverte en 1936, Sant Ambroeus s'est vite imposée comme l'une des pâtisseries les plus chics et raffinées de Milan. Bien qu'elle porte le nom du célèbre évêque milanais, ses tartes et mignardises s'inspirent plutôt des recettes françaises. Son apéritif est un pur instant d'esthétisme et de raffinement avec ses délicates petites tartines, ses amandes grillées et ses légumes sculptés. On y vient également pour déjeuner ou prendre l'apéritif dans la salle boisée très élégante, illuminée par d'imposants lampadaires en verre de Murano.

CLUBS ET DISCOTHÈQUES

ARMANI PRIVÉ

Via Manzoni, 21
(entrée par Via Pisoni, 1)
✆ +39 02 62 31 26 55
www.armani.com
M3 Montenapoleone.
Mercredi, vendredi et samedi de 23h30 à 4h.

Armani a vraiment pensé à tout. Au sous-sol du mythique Armani Store de la Via Manzoni, en plein cœur du Quadrilatère de la Mode, cette boîte de nuit exclusive reflète bien l'esprit du célèbre couturier. 360 m^2 d'espaces au décor minimaliste et oriental. Deux consoles où même les DJ ne passent que les sons les plus tendance.

NEPENTHA

Piazza Diaz, 1
✆ +39 02 80 48 37
www.nepenthaclub.com
management@nepenthaclub.com
M1, M3 Duomo.
Entrée très sélecte à partir de 21h30.

Dans les années 1970, il n'y avait pas de doute : le Nepentha était « *the place to be* » . Aujourd'hui, cette discothèque historique à quelques pas du Duomo revient à la mode et accueille un public plutôt adulte et assez glamour. Meilleures soirées les vendredi et samedi. Sélection à l'entrée.

SPECTACLES

MILANO ODEON – THE SPACE CINEMA
Via Santa Radegonda, 8
www.thespacecinema.it
M1, M3 Duomo.

Juste derrière le Duomo, cet ancien théâtre en style Art nouveau a été transformé en cinéma multisalle. Désormais parmi les cinémas favoris des Milanais, il présente à l'affiche toujours les dernières nouveautés.

VIVRE MILAN SUR UN AIR DE MUSIQUE

Giuseppe Russo Rossi est altiste dans l'Orchestre du Teatro alla Scala... Ce grand musicien nous révèle en toute simplicité les revers de son métier.

Giuseppe, la musique, une passion innée ?

Je dirais plutôt une passion de famille, avec mes deux parents chanteurs lyriques, j'ai grandi bercé par les airs d'opéra. Je dirais même qu'aujourd'hui mon style musical se rapproche de celui du *bel canto* italien, aéré, nuancé et un brin virtuose.

Giuseppe, où et quand avez vous commencé à jouer de la musique ?

A 5 ans, chez moi ; j'ai suivi le diplôme de l'école de musique de Bari, dans les Pouilles d'où je suis originaire, un passage par Rome, par la Suisse et en France, jusqu'au tournant décisif de ma carrière en 2009, le concours d'entrée à l'Orchestra del Teatro alla Scala... 160 candidats pour deux places et Daniel Barenboim parmi les membres du jury ! Autant vous dire que l'épreuve était plus qu'intense.

Qu'est que cela fait de jouer dans l'un des orchestres les plus prestigieux au monde ?

L'ambiance y est unique, presque électrisante. Travailler avec d'excellents artistes et des chefs d'orchestre de grand talent dégage une énergie positive qui incite chaque musicien à donner le meilleur de son art. Et puis certainement, au sein de l'Orchestre, on aime croire que le fantôme de la Callas veille sur nous ! D'autre part les horaires de travail sont assez contraignants, avec des répétitions à toute heure de la journée et des spectacles presque tous les soirs qui se terminent rarement avant minuit. A chaque fois que l'on se rend travailler au théâtre « on sait quand on y rentre, mais on ne sait pas quand on va en sortir ».

Quels sont les lieux que vous aimez fréquenter à Milan ?

Le quartier autour de la Scala est merveilleux et riche en recoins pittoresques qui méritent d'être découverts, lors d'une promenade à pied par exemple. Quant à mes adresses favorites je suis un adepte du Musée de la Triennale et de son café design, tout comme du Microbirrificio Lambrate (Via Golgi, 60) où je me retrouve souvent pour un verre entre amis.

SANT'AMBROGIO ET CASTELLO

IMMANQUABLE DANS CE QUARTIER

- Admirer la « Cène », célèbre fresque de Léonard de Vinci.
- Visiter la casa degli Atellani et la vigne de Léonard de Vinci.
- Entrer dans la basilique Sant'Ambrogio, un chef d'œuvre de l'art roman.
- Dîner dans un wagon 1900.
- Se prendre pour un chevalier dans le Castello Sforzesco.

SANT' AMBROGIO ET CASTELLO

Studio Museo Achille Castiglioni
Staz. Ferr. Nord
Piazzale Cadorna
Cadorna Triennale
Largo Cairoli
Foro Buonaparte
Via Cusani
Piazza Castello
Via Paleocapa
Jacini
Largo M. Callas
Pozzone
Via Rovello
Via Dante
Via Camperio
Teatro Dal Verme
Puccini
Via S. Giovanni sul Muro
Piazza S.S. Pietro e Lino
Via Meravigli
Via Segreta
V. Negri
Piazza Affari
V. d. Posta
Via S.M. Fulcorina
V. Borromei
Palazzo Borromeo
Piazza Borromeo
Via d. Bollo
Zec. Vecchia
Marta
Via S. Maurilio
Via Santa
Nerino
Bagnera
V.
Via Torino
Palazzo Stampa
Via Stampa
Via S. Vito
Largo Carrobbio
Pta. Ticinese
S. Sisto
Medici
Via Circo
Piazza Mentana
Morigi
V. sant'Orsola
Via Vigna
Resti Romani
V. Busa
San Maurizio al Monastero Maggiore
Museo Civico Archeologico
Corso Magenta
Palazzo Litta
V. Illica
V. S. Nicolao
Via Liuni
Via Nirone
Via Cappuccio
Via S. Agnese
Via S. Valeria
Via Necchi
Palazzo Visconti
Via S. Pio V
Via Lanzone
V. Orazio
S. Bernardino
Via Caminadella
Via C. Correnti
Basilica di S. Ambrogio
Via Terraggio
Via G. Carducci
Pusterla di SAnt'Ambrogia
S. Ambrogio
Via E. De Amicis
Via Lesmi
Via Carroccio
Gonfalo.
Via Ausonio
Via Olona
0
200 m
Via Leopardi
Via A. Saffi
Via Gioberti
Via XX Settembre
Via Rovani
Via Tamburini
Via Mascheroni
Via Bazzoni
Piazza Virgilio
Via Boccaccio
Via Caradosso
Via Ruffini
Santa Maria delle Grazie
Conciliazione
Piazza Conciliazione
Pta. Magenta
Piazzale F. Baracca
Corso Vercelli
Via Arosto
Telesio
Via Mario P.
Via Reg. Sa
Vers Casa di Riposo Giuseppe Verdi
Pagano
Guido d'Arezzo
Via Cherubini
Via Rasori
Via A. de Giussano
Via Scarpa
Largo Sett.
Via Motta
Via Mauri
Via Soresina
Via Panizza
V. Cantoni
Piazza Ambrosoli
Via Giovio
di Carso
Piazza De Meis
Viale di Porta Vercellina
Via M. Bandello
Via Andrea Verga
Viale S. Michele
Via Ferrario
Via Lipari
Via G. Dezza
Via Altino
Piazzale Aquileja
Via Caravaggio
Viale Coni
V. Vincenzo Foppa
Parco Solari
Viale Papiniano
V. Tullio
Carcere S. Vittore
Via G.B. Vico
Via degli Olivetani
Piazza Venino
Via Azario
Via Numa Pompilio
Ostilio
Museo nazionale delle Scienza e della Tecnologia Leonardo da Vinci
Piazza S. Vittore
Via S. Vittore
d. Rocca
Via Zenale
G. d. Dio
Via G. De Grassi
Palazzo delle Stelline
Marradi
Mellerio
Via de Togni

SANT'AMBROGIO ET CASTELLO

Nous voici dans le quartier le plus ancien et le plus raffiné de Milan. Riche de témoignages historiques extraordinaires, il est depuis toujours le périmètre de prédilection des plus anciennes et puissantes familles de la ville qui y ont élu demeure depuis l'Antiquité et le Moyen Age. Vous y croiserez les seuls vestiges romains ayant subsisté à Milan, ceux d'un cirque pour les spectacles et les courses de chevaux (via Circo), tandis qu'une promenade entre via Lanzone, via Cappuccio et piazza San Sepolcro, vous permettra d'admirer les architectures sobres et élégantes des palais aristocratiques de l'époque communale au XVIIIe siècle.

En particulier prenez le temps de parcourir Via Cappuccio où les découvertes à faire ne manquent pas. Ici le temps semble s'être écoulé moins vite : les murs, les portails, les grilles, la ligne même de la rue, évoquent le passé et un style de vie de l'aristocratie milanaise. En pénétrant à l'intérieur des hôtels particuliers (par exemple le n° 13, Casa Radice Fossati et le n° 18, Palazzo Lurani Cernuschi), vous découvririez des jardins suspendus, des murs décorés de fresques aux couleurs pâlies mais tout aussi expressives et des caves souterraines aux voûtes séculaires. Dans cette rue, les détails les plus exclusifs se retrouvent dans les cours intérieures et dans les cloîtres qui semblent avoir absorbé la douceur rousse des briques de la basilique voisine de Sant'Ambrogio. Une atmosphère qui se prolonge dans les rues limitrophes de via Lanzone, via Santa Valeria et via Santa Marta. Piazza Borromeo complète ce cadre architectural sophistiqué. Ici s'élève l'imposant Palazzo Borromeo, beau témoignage de bâtiment nobiliaire médiéval (XIIIe siècle) facilement reconnaissable à sa façade en briques rouges. L'émerveillement survient une fois pénétré dans la cour ; par les fenêtres on aperçoit une fresque représentant des scènes de divertissement réalisées selon l'iconographie de l'amour courtois.

Dans ce dédale de ruelles tranquilles au pavement de galets et de dalles de porphyre se nichent parmi les plus belles boutiques de la ville, de l'antiquaire au bijoutier en passant par les marchands de tissus. De même plusieurs brasseries historiques, comme la Trattoria Milanese, la Brisa ou encore la pâtisserie Marchesi, accueillent une clientèle fidèle depuis des générations.

Paroisse principale du quartier et basilique dédiée au saint patron de la ville, les lignes puissantes de la basilique de Sant'Ambrogio s'élèvent majestueusement. Le poète Francesco Petrarca vécut longtemps dans l'habitation qui fait face à la basilique. Une stèle commémorative

Santa Maria delle Grazie.

rappelle sa présence. Dominée par deux clochers-celui des Moines et celui des Chanoines, la basilique abritait aux environs de l'an mille, les moines cisterciens et les chanoines qui exerçaient la même autorité sur la paroisse ; les uns disait la messe du côté droit, les autres sur le côté gauche de la nef centrale.
Dans la même église, un soir d'hiver de 1485, un groupe de conjurés attendait le duc de Milan Ludovico Sforza, dit « le More », pour le poignarder. Le Duc eut la présence d'esprit d'emprunter une porte latérale, sauvant ainsi le sort du duché.

Ce petit univers gravite autour du Castello Sforzesco, symbole de la puissance militaire et politique du duché de Milan à travers les siècles. Du haut de ses remparts, le château domine un pôle de musées d'exception, aux collections merveilleuses, dont le point d'orgue est la *Pietà Rondanini* de Michel-Ange, la plus célèbre sculpture inachevée de l'artiste. C'est ici que Léonard de Vinci laissa son empreinte lors de son passage à Milan, d'abord dans la *Sala delle Asse* au château même, ensuite dans le réfectoire de l'église de Santa Maria delle Grazie où il peignit *La Cène*, sans doute la fresque la plus célèbre au monde, puis dans *La Vigna di Leonardo,* où l'on a fait revivre la vigne que Ludovico il Moro lui offrit. Au musée des Sciences et des Techniques on peut aussi admirer les plans fantasmagoriques de ses créations.

Enfin un quartier aussi bourgeois ne pouvait ne pas être pourvu d'un espace vert : le Parco Sempione, tracé au XIXe siècle sur ce qui était le domaine de chasse des Sforza, est une véritable oasis de verdure adorée par les Milanais. Corso Sempione et ses rues voisines, artères qui font exception dans ce quartier, car jadis excentrés et plus populaires, regorgent aujourd'hui de bars et cafés glamours, pôles favoris de la *nightlife* milanaise à toutes les saisons.

Arco della Pace (Arc de la Paix).

VISITER

ACQUARIO CIVICO ★

Viale Gadio, 2 ✆ +39 02 88 46 57 50
www.acquariocivicomilano.eu
M2 Lanza.
Trams 3, 4, 7, 12, 14, 45, 57, 61.
Du mardi au dimanche de 9h à 17h30. Entrée 5 €, réduit 3 €. Gratuit le premier et le troisième mardi du mois dès 14h.

A la lisière du Parco Sempione, l'Aquarium de Milan construit pour l'Exposition universelle de 1906 se situe dans un très bel édifice de style Liberty, dont les décorations en façade évoquent des motifs aquatiques. Vous pourrez y admirer des centaines d'espèces aquatiques de la Méditerranée et des eaux douces italiennes. Une visite qui sera très appréciée par les plus petits !

ARCO DELLA PACE ★

Piazza Sempione

Situé dans la perspective du Castello Sforzesco, cet arc symbole des aléas de l'histoire est très cher aux Italiens. Haut de 25 m, sa construction fut entreprise par Napoléon en même temps que le Foro Bonaparte. Ce fut pourtant l'empereur François Ier d'Autriche qui en poursuivit les travaux et qui le nomma « Arc de la Paix » en référence à la paix de 1815 qui mettait fin à la tempête napoléonienne. Il a été finalement terminé en 1838. Sur l'attique sont gravées les inscriptions commémorant l'entrée à Milan de Napoléon III et de Victor Emmanuel II de Savoie en 1859, épisode qui marquait la première étape vers l'Unité d'Italie.

LE CHARME DISCRET DU STYLE LIBERTY

En dépit des chantiers futuristes dont la ville est un peu le laboratoire italien, un Milan fait de fleurs peintes, de balcons en fer forgé, de carreaux en céramique et de balustrades sculptées résiste encore et toujours à l'envahisseur. Pour les découvrir lors de vos excursions urbaines, n'hésitez pas à tourner votre regard vers le haut pour apercevoir ici un perroquet sur un vitrail coloré, là un bouquet de fleurs sculpté dans la pierre et toutes autres sortes de détails esthétiques. Le style Liberty est l'expression d'une nouvelle bourgeoisie industrielle qui, en s'affirmant à la fin du XIXe siècle, donna naissance à des demeures d'exception. Les immeubles de Via Saffi (n°14 Casa Maffioretti), de Via Ariosto (n°21 Casa Cavalli Agostoni), de Corso Venezia (n°47 Palazzo Castiglioni) et d'autres encore, n'en sont que quelques exemples.

ALESSANDRO COTRONEO, SOUS L'ÉGIDE DE LÉONARD DE VINCI

Alessandro Cotroneo est le directeur de la Vigna di Leonardo. Il travaille depuis 15 ans pour la famille Castellini-Baldissera, plus particulièrement pour Piero Maranghi et la fondation Portaluppi à laquelle appartient cette demeure splendide et riche en histoire.

Racontez-nous un peu l'histoire de cette vigne.

En 1482, lorsque Léonard de Vinci arrive à Milan, à la cour de Ludovic Sforza, il demande un terrain pour cultiver son vin. En 1498, Ludovic Sforza lui offre alors les 8 327 m² d'une vigne en guise de paiement pour *La Cène* qu'il venait de peindre dans le réfectoire de l'église Santa Maria delle Grazie. Cette vigne est donc le salaire de l'une des plus grandes œuvres de l'histoire de l'art ! En 1500, les Français envahissent Milan et confisquent la vigne, mais de Vinci la récupérera lorsqu'il partira à Amboise. On buvait d'ailleurs du Malvasia provenant de cette vigne à la cour de France !

En 1922, Luca Beltrami, un illustre historien, découvre la vigne du génie : les moines de San Vittore en avaient pris soin pendant plus de 400 ans. Malheureusement, les bombardements de 1943 la détruisirent, mais en 2005, Attilio Scienza, chercheur de la faculté des sciences agricoles de Milan, retrouva son ADN et l'on put de nouveau produire le Malvasia de Léonard.

Quelles sont vos impressions, chaque jour, lorsque vous travaillez dans un lieu si riche en histoire ?

Je suis très reconnaissant envers Piero Maranghi qui gère cette maison avec brio. Il m'a donné la chance, depuis plus de 15 ans, de travailler ici et de tomber chaque jour sous le charme de cet endroit splendide.

Quels sont les endroits que vous préférez à Milan ?

Pour manger, je risque de ne pas être très objectif, mais le restaurant de la Vigna di Leonardo est très bon ! Sinon, l'un des meilleurs restaurants à Milan, à mon avis, est La Brisa. La cuisine y est raffinée et élégante.

Côté musée, le Poldi Pezzoli est fascinant : il expose fréquemment certaines des plus grandes œuvres du monde, prêtées par des musées internationaux. Si on aime l'architecture, on peut aussi faire un tour sur les traces de Piero Portaluppi, un génie qui a notamment réalisé le Planétarium de Milan, la Villa Necchi-Campiglio ou le parvis du *Duomo* !

ALESSANDRO COTRONEO, SOUS L'ÉGIDE DE LÉONARD DE VINCI

■ LA VIGNA DI LEONARDO ★
Corso Magenta, 65
Casa degli Atellani
✆ +39 02 481 6150
www.vignadileonardo.com
info@vignadileonardo.com
Tous les jours de 9h à 18h, visite avec audioguide en plusieurs langues. Visite guidée de 40 minutes sur réservation : départ toutes les 30 minutes en semaine, toutes les 15 minutes le week-end (dernière entrée 17h30). Entrée 10 €, 18 € pour la visite guidée (réservation en ligne ou par téléphone vivement conseillée).
Derrière les murs de la Casa degli Atellani, à quelques pas du Cenacolo, se cache un petit vignoble qui fut offert à Léonard de Vinci en 1498 par Ludovic le More, seigneur de Milan, en guise de remerciement pour son travail à la cour des Sforza. Oublié pendant des siècles, le voici aujourd'hui de nouveau accessible grâce au travail de jardiniers qui s'appliquent à cultiver le même cépage que celui d'origine. Le site se découvre à travers un parcours en 7 étapes au long duquel on visitera d'abord la *Casa degli Atellani*, demeure d'une famille de courtisans fidèle aux Sforza au XVe siècle, ensuite son jardin et enfin le vignoble de Léonard.

La Vigna di Leonardo.

Basilique Sant'Ambrogio.

BASILICA SANTA MARIA DELLE GRAZIE – CENACOLO VINCIANO (LA CÈNE DE LÉONARD DE VINCI) ★★★

Piazza Santa Maria delle Grazie, 2
✆ +39 02 9280 0360
Voir page 12.

BASILIQUE SANT'AMBROGIO (BASILIQUE SAINT AMBROISE) ★★★

Piazza San Ambrogio, 15
✆ +39 02 86 45 08 95
www.basilicasantambrogio.it
santambrogio@chiesadimilano.it
M2 Sant'Ambrogio.
Visite du lundi au samedi de 7h30 à 12h30 et de 14h30 à 19h, le dimanche de 8h à 20h. Entrée libre.
Rigueur architecturale, harmonie des proportions et unité de la composition. Voici les trois ingrédients de la beauté qui caractérise l'un des plus célèbres chefs-d'œuvre de l'art roman en Lombardie. Erigé en 379 par Ambroise, saint patron de Milan dont la dépouille repose dans la crypte, l'édifice subit plusieurs remaniements dont l'intervention de Bramante (XVe siècle). Dans la pénombre de l'intérieur, l'or des mosaïques de l'abside resplendit. Mais c'est surtout l'éclat de l'autel en or de Volvinius (IXe siècle) qui attire irrémédiablement les regards vers le chœur.

CASTELLO SFORZESCO (CHÂTEAU DES SFORZA) ★★★

Piazza Castello, 1
✆ +39 02 8846 3700
Voir page 16.

MUSEO NAZIONALE DELLA SCIENZA E DELLA TECNOLOGIA LEONARDO DA VINCI ★★

Via San Vittore, 21
✆ +39 02 485 551
www.museoscienza.org
direzione@museoscienza.it
M2 Sant'Ambrogio. Bus 50, 58, 94.
Du mardi au vendredi de 9h30 à 17h30, samedi et dimanche de 9h30 à 18h30. Entrée 10 €, réduit 7,50 €. Visite guidée du sous-marin Enrico Toti (indissociable du reste du musée) 10 € avec réservation, 8 € sans réservation.

Milan ne pouvait pas oublier sa vocation de capitale de l'industrie et de la technique. La ville a donc consacré ce musée à Léonard de Vinci, génial ingénieur, savant et habitant de la cité durant vingt ans. Installé dans un ancien monastère du XVIe siècle, dans la Galerie de Léonard, ce musée conserve plusieurs maquettes qui reconstituent, d'après des dessins originaux, certaines des inventions les plus audacieuses de Léonard. A voir également une collection impressionnante de trains parcourant 100 ans d'histoire du rail, ainsi qu'une autre d'avions, des premiers modèles jusqu'aux avions à réaction. La visite se termine par les transports navals avec des pièces uniques dont l'impressionnant sous-marin *Enrico Toti* qui fait l'objet d'une visite guidée.

MUSEO DI ARTE E SCIENZA

Via Quintino Sella, 4
✆ +39 02 7202 2488
M1 Cairoli, M2 Lanza.

Parco Sempione.

Du lundi au vendredi de 10h à 18h et tous les derniers samedis du mois. Entrée 8 €, réduit 5 €.
Un musée curieux, au carrefour entre art et science, qui axe son parcours sur la distinction entre vrais et faux en art. Différentes sections, de la peinture à la céramique en passant par le mobilier ancien, les objets en ivoire et la tapisserie, auxquelles correspondent des stations interactives toujours axées sur le thème de l'authenticité. Le musée expose également des collections d'art bouddhiste et d'art africain, sans oublier une salle dédiée à Léonard de Vinci et à ses inventions.

MUSEO CIVICO ARCHEOLOGICO ★

Corso Magenta, 15
✆ +39 02 8844 5208
M1, M2 Cadorna.
Du mardi au dimanche de 9h à 17h30. Entrée 5 €, réduit 3 €.
Le Museo Civico Archeologico abrite des collections d'art étrusque, grec et romain, dans le contexte architectural original des anciens bâtiments conventuels de l'église San Maurizio al Monastero Maggiore. Au rez-de-chaussée, la visite commence par l'exposition des vestiges du *Mediolanum* romain, pour poursuivre au 1er étage avec des témoignages du Haut Moyen Age, notamment des fresques. Des pièces étrusques et grecques complètent les collections. Des restes des remparts romains qui entouraient la ville sont également visibles.

PARCO SEMPIONE ★

Parco Sempione
M1, M2 Cadorna.
Ouvert aux mois de janvier, février et novembre, décembre de 6h30 à 20h ;

en mars, avril et octobre de 6h30 à 21h ; en mai de 6h30 à 22h.
Ce qui était autrefois une vaste forêt, domaine de chasse des Sforza, est devenu un des parcs préférés des Milanais. Aménagé en 1883 selon le modèle d'un parc à l'anglaise, le parc Sempione ne manque pas d'atouts : s'y trouvent la Triennale (pavillon d'exposition devenu fin 2007 le musée du Design), l'Arène municipale (1806) et l'Arc de la Paix, la Torre Branca (une bibliothèque municipale) et l'Aquarium municipal. L'été, quelques bars branchés accueillent la jeunesse milanaise venue s'y retrouver le temps d'un apéritif.

LÉONARD DE VINCI ET MILAN

Peu de villes peuvent se targuer d'avoir été marquées par le grand maître du Quattrocento italien. Milan en fait partie. Léonard de Vinci (Vinci, près de Florence, 1452 – château de Cloux, aujourd'hui Clos-Lucé, près d'Amboise, 1519), le génie le plus éclectique de l'histoire, vécut à la cour de Ludovico il Moro de 1482 à 1499 : près de vingt années d'activité qui ont laissé des traces encore visibles à Milan. A la cour des Sforza, Léonard organisa des fêtes officielles, dessina les plans des canaux et de différentes installations hydrauliques et entreprit la construction d'une gigantesque statue équestre de Francesco Sforza, pourtant jamais réalisée. Peintre, il inaugura la composition à structure pyramidale et développa la technique aux contours vaporeux du *sfumato*, utilisée par exemple dans *La Vierge aux rochers* (vers 1483, Louvre – réplique, 1506, à la National Gallery). Il peignit également, à fresque, *La Cène* (1495-1497). Après l'entrée des Français à Milan, en 1499, Léonard séjourna à Mantoue, à Venise, à Rome, et enfin à Florence. De retour à Milan (1506-1513), il peignit *La Vierge, l'Enfant Jésus et sainte Anne* (vers 1509, Louvre) mais, en décembre 1513, il fut de nouveau contraint à l'exil. Esprit universel, Léonard étudia l'anatomie, la botanique, l'optique, la géologie, la médecine et la mécanique, formulant dans ces domaines de multiples et fécondes hypothèses. Encore aujourd'hui, les traces laissées par ce génie sont visibles et disséminées dans la ville. Les écluses des Navigli, conçues pour que les bateaux puissent franchir les différentes hauteurs des lits des canaux de Milan ; la Salle des Axes (*Sala delle Asse*) au Castello Sforzesco, dont les parois et la voûte sont entièrement décorées de ses fresques ; la *Pinacoteca Ambrosiana* qui conserve deux de ses tableaux le *Musico* et le *Portrait de jeune femme au collier de perle*. La Bibliothèque de la *Pinacoteca Ambrosiana* conserve également le *Codice Atlantico*, un recueil extraordinaire de planches de ses études. Enfin, il est possible de découvrir depuis peu la *Vigna di Leonardo*, la vigne que Ludovico il Moro offrit à Léonard de Vinci, qui renaît dans le jardin de la Casa degli Altellani. Pour approfondir votre connaissance du génie italien, Milan a aussi consacré un musée entier dédié aux qualités scientifiques de ce dernier, il s'agit du musée de la Science et de la Technique où le visiteur peut admirer plusieurs maquettes qui reproposent les inventions du génie florentin.

Torre Branca située dans le Parco Sempione.

SAN MAURIZIO AL MONASTERO MAGGIORE (ÉGLISE SAN MAURIZIO AL MONASTERO MAGGIORE) ★

Corso Magenta, 15
✆ +39 02 86 450 011
www.chiesadimilano.it
M1, M2 Cadorna. Bus 50.
Trams 19, 24.
Du mardi au dimanche, de 9h à midi et de 14h à 17h. Entrée libre.
Une église unique à Milan car entièrement recouverte de fresques. Datant de 1503, elle faisait partie du couvent féminin bénédictin le plus important de la ville. Elle est composée d'une seule nef divisée en deux parties, la première est réservée aux fidèles et la seconde aux religieuses du couvent ; vous pouvez y admirer un magnifique et monumental chœur en bois sculpté. La décoration de l'église fut confiée à Bernardino Luini, et le résultat est impressionnant. Chaque centimètre de ses murs est en effet décoré de fresques aux couleurs éclatantes. Une véritable merveille ! Cette église est également connue à Milan pour ses concerts de musique classique. A noter que le musée archéologique de Milan se trouve dans l'ancien couvent.

STADIO SAN SIRO ET MUSÉE INTER & MILAN ★★

Stade San Siro
Via Piccolomini 5, grille 14
✆ +39 02 404 2432
Voir page 22.

TRIENNALE DESIGN MUSEUM ★★

Viale Alemagna, 6
✆ +39 02 724 341
Voir page 21.

TORRE BRANCA ★

Viale Alemagna
Parco Sempione
✆ +39 02 331 4120
www.fps-eventi.it
info@fps-eventi.it
Ouverture variable selon les jours et les saisons. Entrée 6 €.
Du haut de ses 108 m. le panorama sur Milan est un des plus beaux et des plus étendus de la ville. Cette fine structure de fer dessiné par Gio Ponti est une véritable œuvre d'art. Inaugurée en 1933, à l'occasion de la Ve Triennale, elle fut fermée au public en 1972. Restaurée par les frères Branca, célèbres producteurs de boissons alcoolisées, elle en porte encore aujourd'hui le nom. On regrette simplement que l'accès à la terrasse ne soit permis que pour une durée de 5 minutes maximum.

Castello Cova.

© PHILIPPE GUERSAN – AUTHOR'S IMAGE

SE RESTAURER

SUR LE POUCE

FA-BIO

Via del Bollo, 3
✆ +39 02 454 797 09
www.fa-bio.com – info@fa-bio.com
M1 Cordusio.
Addition 5-15 €. Du lundi au vendredi 9h-17h.
Presque caché entre le dédale de ruelles du beau quartier des 5 Vie, entre Sant'Ambrogio et piazza Cordusio, une adresse minuscule très *green attitude.* Tout est bio, très sain, très frais, rapide à la commande et à la dégustation. Soupes, *smoothies*, sandwichs, mais aussi salades de pâtes, de quinoa, des rolls au poulet, au saumon ou au légumes et fromages. Un *fast food* où faire le plein de vitamines.

IL POLITICO

Plazza Castello, 5, M1 Cairoli.
Ouvert tous les jours du matin au soir. Horaires variables. Panini de 3,50 à 5 €.
Croquer dans un homme politique, vous avez déjà essayé ? Ce kiosque mythique sert des paninis succulents, chacun portant le nom d'un personnage politique italien. Le Berlusconi est par exemple à base de jambon de Parme, de fromage fontina, de tomates et de sauce cocktail, quant au Renzi, il se compose de jambon cuit, de laitue et de crevettes... A croquer sur le parvis du Castello Sforzesco.

PANINI DURINI

Corso Magenta, 31
✆ +39 02 89094056
www.paninidurini.it
info@paninidurini.it
Ouvert tous les jours de 7h à 20h. Le dimanche, à partir de 8h. Comptez entre 7 et 8 € pour un sandwich.
À Milan, le *panino* est une institution. Vous trouverez des sandwicheries partout. Parmi celles-ci, Panini Durini. Vous avez ici le choix parmi de très nombreux sandwichs à base de produits frais : *speck,* jambon cru, cuit, aubergines à l'huile, burrata, mozzarella... Des sandwiches végétariens sont aussi au menu. Recommandé pour un déjeuner sur le pouce. Plusieurs autres adresses à Milan, consultez le site Internet.

DE SANTIS

Corso Magenta, 9
✆ +39 02 875 968
www.paninidesantis.it
desantis@paninidesantis.it
M1, M2 Cadorna.
Ouvert 12h-15h, 20h-1h. Fermé le dimanche. Panini entre 4 et 9 €.
Des poutres apparentes et quelques petites tables de bistrot rendent la déco de ce bar un peu rustique, mais les panini y sont délicieux et le choix presque infini : 160 variétés de panini. Il y a même des panini aux fruits !

BIEN ET PAS CHER

CONVIVIUM

Via Ponte Vetero, 21
✆ +39 02 864 637 08
www.conviviumristorante.it
info@conviviumristorante.it
Repas à partir de 15 €.
Une atmosphère intime et recherchée dans ce restaurant du quartier de Brera, idéal pour un repas romantique ou pour un dîner dans une ambiance feutrée. Lumières tamisées, tables espacées et services attentionné complètent

© STÉPHAN SZEREMETA

Confiseries en pâte d'amande.

une qualité dans la restauration de très bon niveau. Dans l'assiette, les grands classiques comme le risotto au safran et l'os à moelle, aussi bien que quelques originalités comme un tartare de saumon à l'avocat.

MEUCCI

Via San Giovanni sul Muro, 18
✆ +39 02 86 45 05 26
M1 Cairoli.
Pizza à partir de 7 €.
Quelques tables en bois rapprochées et des *pizzette al tegamino* (petites *pizze* dans leur moule) cuites au four électrique, voici ce que vous trouverez chez Meucci, à une rue près du Castello Sforzesco. En dépit des apparences, les *pizzette* sont délicieusement fines et croquantes, pour preuve, l'adresse tient pignon sur rue depuis près de vingt ans.

LA SIBILLA

Via Mercato, 14
✆ +39 02 3966 3561
M2 Lanza.
Addition 10-25 €. Fermé le lundi.
Malgré l'exiguïté de la petite salle où vous serez parfois obligé de manger coude contre coude avec votre voisin sur les longues tables en bois, c'est ici que l'on déguste l'une des meilleures pizzas de Milan. Goûtez les *calzoni* (pâte à pizza farcie), sensationnels !

ZAKURO

Via Vincenzo Monti, 16
✆ +39 02 48 1954 69
www.zakuromilano.it
M1 Cadorna.
Addition 10-25 €. Fermé samedi midi et dimanche.
Une petite perle pour les passionnés de sushis dans le quartier de Cadorna, à quelques pas de la *Cène* de Léonard. Bonne, sympathique et économique : cette charmante adresse japonaise a tout pour plaire. Dans un cadre frais et agréable (réservation vivement conseillée), essayez l'ebiten makia avec tempura de crevettes, les tiger roll au saumon et fromage frais ou encore le Salmon special, servi chaud, à base d'avocats, de saumon et de fromage blanc.

BONNES TABLES

LA BRISA

Via Brisa, 15
✆ +39 02 86 45 05 21
www.ristorantelabrisa.it
info@ristorantelabrisa.it
M° Cairoli, trams 19 et 24, bus 50.
Addition 40-80 €. Fermé samedi toute la journée et dimanche midi.
Cachée derrière une entrée qui ne paye pas de mine, un petit couloir vous emmène vers une merveilleuse véranda et un agréable jardin aux arbres séculaires. Adresse bon ton, chic et très milanaise, La Brisa propose des plats créatifs, savoureux et recherchés.

LA FETTUNTA

Via Santa Marta, 19/a
✆ +39 373 765 1255
M1 Cordusio.
Du mardi au dimanche 12h30-14h30 et 19h30-23h. Fermé le samedi midi et le lundi. Addition de 25 à 45 €.
Dans une rue tranquille, parallèle à Via Torino et à ses commerces, cette trattoria sert des recettes copieuses issues de la tradition culinaire lombarde et toscane. Produits de saison et fraîcheur des ingrédients pour des spécialités telles que le risotto et la côtelette panée milanaise. Pizza au menu pour les inconditionnels du genre.

L'INFINITO

Via Leopardi, 25
✆ +39 02 46 92 276
www.ristoranteinfinito.com
infinitomilano@gmail.com
M1 Cadorna.
De lundi à vendredi 12h30-14h30, 19h30-22h30, samedi 19h30-23h. Addition de 30 à 50 €.
Juste à côté du départ du Malpensa Express et à quelques pas du Castello Sforzesco, une petite adresse pour profiter d'un bon repas avant de filer vers l'aéroport ou de repartir en visite.
Le restaurant se veut vieille école, avec une cuisine honnête, copieuse et familiale. Côtes de bœuf juteuses et buffet d'antipasti alléchant.

OBICÀ BRERA

Via Mercato, 28
✆ +39 02 86 45 05 68
www.obica.com
M2 Lanza, trams 2, 12, 14.
Addition 20-30 €. Ouvert de dimanche à jeudi de 11h30 à 1h, vendredi et samedi de 11h30 à 2h. Apéritif de 17h à 20h.
Ce restaurant au décor design s'est fait une spécialité des fromages italiens, notamment les délicieuses variétés de *mozzarella* comme la *mozzarella di bufala* (de bufflonne, beaucoup plus crémeuse et savoureuse). Un endroit branché mais chaleureux fréquenté à l'heure de l'apéritif comme au déjeuner. Belle carte des vins.

Autre adresse : Obicà Duomo, 7e étage de la Rinascente.

TRATTORIA MILANESE

Via Santa Marta, 11
✆ +39 02 8645 1991
M1 Cordusio.
Addition 30-60 €. Fermé le dimanche.
La Trattoria Milanese est peut-être l'endroit où l'on goûte à la meilleure cuisine milanaise de la ville. Elle est gérée par la famille Villa depuis 1933 ; le décor est resté inchangé et l'ambiance est des plus authentiques. Incontournables : la côtelette milanaise et le risotto sauté.

DÎNER DANS UN WAGON 1900

■ **TRAM-RISTORANTE ATMOSFERA**
(angle Largo Cairoli/Via Beltrami)
Piazza Castello
✆ 800 808 181
www.atm-mi.it
atmosfera@atm-mi.it
Dîner 70 € par personne, boissons comprises. Réservation indispensable.
Un tram 1900 transformé en restaurant classe ? C'est bien la réalité ! Montez à bord d'un wagon aux allures d'Orient Express et pourtant si milanais, pour vivre une expérience insolite. Tandis que vous circulez sous les reflets des monuments illuminés, du haut de votre banquette vous découvrirez un paysage métropolitain magique et insoupçonné. La découverte continue, mais à table cette fois. Au menu trois options choisies au préalable aux saveurs de viande, de poisson, ou végétariennes. Un service impeccable, nappes et couverts élégants et une coupe de champagne complètent le cadre. Le plan parfait pour succomber au charme magique de Milan, surtout si vous disposez de peu de temps.

SHOPPING

Un quartier qui recèle de petites boutiques, dont certaines ont une réputation solide depuis plusieurs générations.

IL BULINO ANTICHE STAMPE
Corso Magenta, 50
✆ +39 02 48 01 14 48
www.matteocrespi.com
ilbulino@matteocrespi.com
Du lundi au samedi de 10h30 à 12h30 et de 15h à 18h.
Bien rangées dans de vastes tiroirs, vous trouverez ici des estampes et des gravures de belle facture et de toutes les tailles, du XVe au XVIIIe siècle. A partir de 50 €.

LIBRERIA DELLO SPETTACOLO
Via Terraggio, 11
✆ +39 02 86 45 17 30
www.libreriadellospettacolo.it
info@libreriadellospettacolo.it
Du mardi au samedi 10h30-18h30.
Une librairie spécialisée dans l'univers du spectacle : théâtre, danse, opéra, cinéma.

ORIENTHERA
Via Santa Marta, 8/10
✆ +39 02 89 01 30 87
Orienthera est un petit écrin de merveilles orientales, sélectionnées soigneusement par Consolata lors de ses voyages dans des contrées lointaines. Boucles d'oreilles féeriques, tuniques de toutes les couleurs, boîtes, agendas et accessoires divers auxquels il est difficile de résister.

PELLINI
Via Morigi, 9
✆ +39 02 72 01 01 99
www.pellini.it
margherita@pellini.it
Au cœur du dédale de ruelles du quartier de Sant'Ambrogio, Pellini propose un vrai savoir-faire dans l'art du bijou et des accessoires, dont les articles sont entièrement réalisés

Profitez des soldes lors de votre séjour à Milan.

en perles de résine et pierres semi-précieuses. La créatrice, Donatella Pellini, poursuit une tradition artisanale commencée dans sa famille depuis trois générations, en proposant à chaque saison des collections différentes. Impression de déjà vu ? En effet, une boutique Pellini a ouvert il y a quelque temps sous les arcades du Palais Royal à Paris.

SPAZIO ROSSANA ORLANDI
Via Matteo Bandello, 14/16
✆ +39 02 467 4471
www.rossanaorlandi.com
web@rossanaorlandi.com
M1 Conciliazione.
Trams 29, 30. Bus 67.
Du lundi au samedi 10h-19h.
Un espace aussi éclectique que romanesque, où mode, design, artisanat et galerie d'art se rencontrent dans ce qui était autrefois une manufacture. Le tout extrêmement artistique et branché. Les Milanais s'y rendent pour y trouver des idées cadeaux originales et pour flâner dans un cadre qui pourrait sortir du pays des merveilles d'Alice.

WAIT AND SEE
Via Santa Marta, 14
✆ +39 02 72 08 01 05
www.waitandsee.it
eshop@waitandsee.it
Lundi de 15h30 à 19h30, et du mardi au samedi de 10h30 à 19h30.
Boutique curieuse, éclectique et pittoresque, qui trouve parfaitement sa place dans ce quartier chic et racé. On trouve ici une mode originale, où les articles à l'élégance intemporelle arrivent du monde entier. Bijoux, accessoires, habits et objets sont un brin vintage mais parfaitement adaptés à une Fashion Week. Et les prix démarrent à 1 € !

SORTIR

CAFÉS - BARS

BAR BIANCO
Viale Enrico Ibsen, 4
Parco Sempione
✆ +39 02 86 99 20 26
www.bar-bianco.com
info@bar-bianco.com
M2 Lanza.
Ouvert de mai à octobre tous les jours de 10h à 1h, vendredi et samedi jusqu'à 2h.
Au cœur du Parco Sempione, voici une oasis de verdure où se rafraîchir lors des chaudes soirées estivales en buvant des mojitos et en écoutant de la bonne musique. Ambiance branchée et à la fois décontractée.

BAR MAGENTA
Via Carducci, 13
✆ +39 02 805 3808
barmagenta.it
info@barmagenta.it
M1 Cadorna.
Ouvert de 7h30 à 2h.
Un pub café centenaire (ouvert en 1907) et qui figure toujours parmi les établissements les plus fréquentés du quartier, bien que l'ambiance manque parfois un peu d'énergie. Son décor Liberty (Art nouveau) conserve un certain charme mélancolique, entre lustre fleuri et comptoir en bois sculpté. La fréquentation bat son plein les soirs de matchs, retransmis sur grand écran. Plats chauds et froids ainsi que bons sandwichs sont proposés au déjeuner.

BHANGRABAR

Corso Sempione, 1
✆ +39 02 34 93 44 69
www.bhangrabar.it
info@bhangrabar.it
M1, M2 Cadorna.

Célèbre pour son apéritif et son buffet *happy hour* bien garni, le Bhangrabar est peut-être le bar le plus fréquenté de Corso Sempione. La déco joue la carte d'un temple hindou avec une ambiance milanaise au possible (âge moyen 25-35 ans).

CANTINE ISOLA

Via Paolo Sarpi, 30
✆ +39 02 331 5249
M2 Garibaldi FS, bus 43 et 57, tram 3, 7, 12 et 14.

Du mardi au dimanche 10h-22h.

Un ancien bar à vin tout à fait typique, géré par la famille Isola depuis la fin du XIXe siècle. Très peu de places assises car le service se fait au comptoir, mais le trottoir est toujours bondé de personnes un verre à la main. Le choix de vins est surprenant.

CHIÙ

Via Vincenzo Monti, 32
✆ +39 02 39 40 06 94
www.chiu.eu
info@chiu.eu
M1 Cadorna.

Du lundi au vendredi de 9h30 à 22h30, samedi de 10h à 22h30 et dimanche (uniquement avant Noël) de 10h30 à 19h30. Paninis de 6,50 à 8,50 €, portion de pâtes de 6 à 8 €.

Un épicerie gourmande, où acheter, déguster et siroter des produits italiens de qualité à toute heure de la journée. L'*aperitivo* y est notoire, avec verres de bon vin et petites planches de charcuterie et de fromage à grignoter, mais sachez que vous pourrez aussi déjeuner ou dîner avec quelques *panini* et plats de pâtes du jour à l'excellent rapport qualité-prix.

MARCHESI

Via Santa Maria alla Porta, 11
✆ +39 02 876 730
M1, M2 Cadorna.

Du mardi au samedi 7h30-20h, dimanche 8h30-13h. Ouvert tous les jours du 28 novembre au 24 décembre.

Savoureux chocolats et fruits confits fabriqués par le plus ancien confiseur de Milan. Le lieu a conservé son décor fin XIXe siècle qui distille une ambiance d'antan touchante. A Noël, on y fait le meilleur *panettone* de la ville. Une autre adresse pour acheter son *panettone* de Noël, via Montenapoleone, au cœur du Quadrilatère de la mode.

Autre adresse : Via Montenapoleone, 9

MORGAN'S

Via Novati, 2
✆ +39 02 867 694

Ouvert de 18h à 2h. Fermé le dimanche.

Installé au rez-de-chaussée d'un immeuble populaire caractéristique du XIXe siècle, le Morgan's ne cesse de séduire une clientèle jeune et branchée parmi les habitants du quartier et les étudiants de la voisine université Cattolica. Il faut reconnaître que sa déco vintage et son cocktail explosif, le Rocket, sont plutôt séduisants.

PASTICCERIA CUCCHI

Corso Genova, 1
✆ +39 02 89 40 97 93
www.pasticceriacucchi.it
info@pasticceriacucchi.it
M° Sant'Agostino.

Du mardi au dimanche de 7h à 22h.

Une pâtisserie historique où l'on vend, paraît-il, parmi les meilleurs *panettoni* de la ville. Sur place, vous trouverez aussi un élégant café à l'ambiance quelque peu surannée.

CLUBS ET DISCOTHÈQUES

IL GATTOPARDO

Via Piero della Francesca, 47
✆ +39 02 34 53 76 99
www.ilgattopardocafe.it
Bus 57, tram 19, 33.
Du mardi au samedi de 19h à 5h. Le dimanche de 19h à 1h. Cocktails à 10 €.
Cadre impressionnant pour ce disco-bar aménagé dans une église déconsacrée. L'autel de marbre a été transformé en comptoir et un étincelant lustre en cristal brille dans la nef. En fin de semaine, on commence par l'apéro et on termine sur la piste de danse. Très glamour !

OLD FASHION CLUB

Viale Alemagna, 6
✆ +39 02 805 6231
www.oldfashion.it
info@oldfashion.it
Ouvert tous les jours de 21h à 5h. Entrée à partir de 10 €. Restaurant à partir de 30 €.
Installé dans le palais de la Triennale, ce disco bar est un lieu historique du Milan branché. Soirées très diversifiées adaptées à tous les goûts, apéro à la milanaise et brunch le dimanche.

SPECTACLES

PICCOLO TEATRO DI MILANO

Largo Greppi, 1 ✆ +39 848 800 304
www.piccoloteatro.org
info@piccoloteatro.org
M2 Lanza.
Billetterie du lundi au samedi de 9h45 à 18h45, le dimanche de 13h à 18h30. Promotions sur le site Internet.
Fondé en 1947 par Paolo Grassi et Giorgio Strehler, le « Piccolo », comme aiment l'appeler les Milanais, s'est rapidement imposé sur la scène internationale en tant qu'ambassadeur de la culture théâtrale italienne. En effet par la qualité des ses spectacles, mais surtout par son programme ambitieux, il a su proposer, dans la Milan dévastée de l'après-guerre un « théâtre d'art pour tout le monde ». Aujourd'hui sous la direction de Sergio Escobar et grâce aux mises en scène avant-gardistes de Luca Ronconi, le Piccolo ne cesse de conquérir un public toujours plus vaste. Dans ses trois salles – le siège historique de Via Rovello, le Teatro Studio et le plus ample Teatro Strehler – est mis en scène un répertoire varié, empreint d'un esthétisme sévère mais poétique, très attaché à ses racines italiennes, mais également ouvert à la production internationale.

Autres adresses : Via Rovello 2 ; Via Rivoli 6.

Piccolo Teatro di Milano.

PORTA NUOVA ET ISOLA

IMMANQUABLE DANS CE QUARTIER

- Découvrir le Bosco Verticale et l'architecture d'avant-garde du quartier.
- Se perdre dans l'impressionnant Cimitero Monumentale.
- Parcourir le Chinatown milanais.
- Boire un verre dans un bar branché.
- Goûter à l'une des meilleures pizze al taglio de la ville.

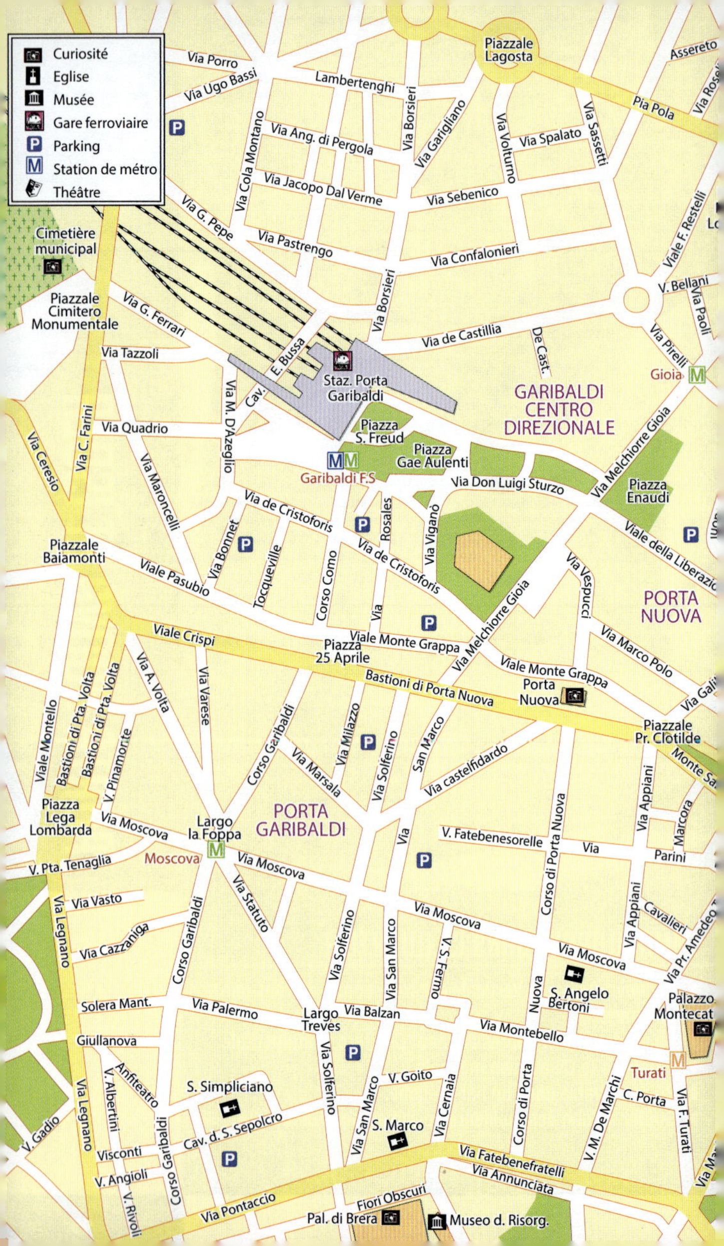
Curiosité
Eglise
Musée
Gare ferroviaire
Parking
Station de métro
Théâtre
Via Porro
Via Ugo Bassi
Lambertenghi
Piazzale Lagosta
Assereto
Via Borsieri
Via Garigliano
Via Volturno
Via Sassetti
Pia Pola
Via Spalato
Via Ang. di Pergola
Via Cola Montano
Via Jacopo Dal Verme
Via Sebenico
Via G. Pepe
Via Pastrengo
Via Confalonieri
Viale F. Restelli
Cimetière municipal
Piazzale Cimitero Monumentale
Via G. Ferrari
E. Bussa
Via Borsieri
V. Bellani
Via Paoli
Via de Castillia
De Cast.
Via Pirelli
Via Tazzoli
Staz. Porta Garibaldi
Gioia
GARIBALDI CENTRO DIREZIONALE
Cav.
Via M. D'Azeglio
Via Quadrio
Piazza S. Freud
Piazza Gae Aulenti
Via Melchiorre Gioia
Via C. Farini
Via Ceresio
Via Maroncelli
Garibaldi F.S
Via Don Luigi Sturzo
Piazza Enaudi
Via de Cristoforis
Rosales
Via Viganò
Viale della Liberazio
Piazzale Baiamonti
Via Bonnet
Tocqueville
Corso Como
Via de Cristoforis
Via Vespucci
Viale Pasubio
Via
Via Melchiorre Gioia
PORTA NUOVA
Viale Crispi
Piazza 25 Aprile
Viale Monte Grappa
Via Marco Polo
Viale Monte Grappa
Bastioni di Porta Nuova
Porta Nuova
Via Gali
Via A. Volta
Via Varese
Corso Garibaldi
Via Milazzo
San Marco
Piazzale Pr. Clotilde
Viale Montello
Bastioni di Pta. Volta
Bastioni di Pta. Volta
V. Pinamonte
Via Marsala
Via Solferino
Via castelfidardo
Monte Sa
Via Appiani
Marcora
Piazza Lega Lombarda
Via Moscova
Largo la Foppa
PORTA GARIBALDI
Via
V. Fatebenesorelle
Via
Parini
Corso di Porta Nuova
V. Pta. Tenaglia
Moscova
Via Moscova
Via Statuto
Via Vasto
Via Cazzaniga
Via Legnano
Corso Garibaldi
Via Solferino
Via San Marco
Via Moscova
V. S. Fermo
Via Moscova
Via Appiani
Cavalieri
Via Pr. Amedeo
Solera Mant.
Via Palermo
Largo Treves
Via Balzan
Nuova
S. Angelo Bertoni
Palazzo Montecat
Via Montebello
Giullanova
Anfiteatro
V. Albertini
Via Legnano
S. Simpliciano
Via Solferino
V. Goito
Via San Marco
Via Cernaia
Corso di Porta
Turati
C. Porta
V. M. De Marchi
Via F. Turati
V. Gadio
Corso Garibaldi
Visconti
Cav. d. S. Sepolcro
S. Marco
Via Fatebenefratelli
Via Annunciata
V. Angioli
V. Rivoli
Via Pontaccio
Fiori Obscuri
Pal. di Brera
Museo d. Risorg.
Via Ma

CORSO COMO ET ISOLA
PORTA SEVESO
STAZIONE CENTRALE
PORTA VENEZIA
Sondrio
Stazione Centrale F.S
Information
Gratte-ciel Pirelli
Piazza Duca d'Aosta
Centrale F.S
Piazza IV Novembre
Piazza Luigi di Savoia
Piazza Caiazzo
Caiazzo
Piazza Lima
Lima
Teatro Puccini
Repubblica
Piazza de la Repubblica
Porta Venezia
Piazza Oberdan
Piazza Sta. Fran. Romana
Giardini Pubblici
Palazzo Dugnani
Planetario
Museo Civ. di Storia Nat.
Galleria d'Arte Moderna
Via Tonale
Viale Lunigiana Brianza
Via Melchiorre Gioia
Via G. Sammartini
Via Pte. Seveso
Gasparotto
Via Tarra
Via Copernico
V. Lazzaroni
Via Galvani
V. Campanini
Cardano
Via Fabio Filzi
Via G. Fara
Via Pirelli
Via Ferrante
Via P. L. Palestrina
Via Soperga
Via Mauro Macchi
Via Venini
Viale A. Doria
Via Pergolesi
Gaffurio
Via Gomes
V. Mercadante
Via Petrella
Via D. Scarlatti
Via Luigi Settembrini
Via Vitruvio
Via Zezon
Via Adda
Via Caretto
Via Gen. fara
Via Lepetit
Via Cappellini
Via Vittor Pisani
Via S. Gregorio
Via Carlo Tenca
Via Napo Torriani
Via Ruggero Boscovich
Via Luigi
Via Felice Casati
Via S Gregorio
Via L. Settala
Via B. Marcello
Via A. Tadino
Viale Tunisia
Via Manuzio
Via Aprile
Via Zarotto
Via Lazzaretto
Via Lecco
Via L. Palazzi
Via Panfilo Castaldi
Viale Vittorio Veneto
Bastioni di Porta Venezia
Corso Buenos Aires
Via Spallanzani
Via Jan
Via Broggi
Via Redi
V. Masera
Aldrovandi
Giorgio
Via G.B. Morgani
Via Omboni
De Filippi
V. Pancaldo
Piazza Cadamosto
Viale Reg. Giovanna
Via Ramzzini
Via Melzo
V. Malpighi
Via Sirtori
Via Lambro
Via Poerio
Via Ros. Pilo
Viale Majno
Viale Piave
Corso Venezia
V. Borghetto
Via Palestro
0
300 m

PORTA NUOVA ET ISOLA

Ce quartier est celui des deux principales gares de la ville, Centrale et Garibaldi. Il s'impose depuis une dizaine d'années comme le laboratoire architectural de la capitale lombarde. Très urbanisé, il recèle cependant des recoins intrigants comme la piazza Gae Aulenti ou le quartier de l'Isola. C'est ici que la nouvelle skyline de la ville se construit, toujours plus haute de jour en jour, avec des gratte-ciel aussi avant-gardistes qu'audacieux.

En laissant derrière soi le Quadrilatère de la Mode et les jardins Indro Montanelli, de grandes et larges artères rectilignes tracées selon le plus rigide urbanisme fasciste, mènent à la Stazione Centrale, la gare principale de Milan. Voulue par Mussolini, cette gare avec son gigantisme, ses inscriptions néoclassiques et ses mosaïques d'inspiration Art Déco, est un bon exemple d'architecture rationaliste. Juste en face de la gare s'élève le gratte-ciel Pirelli, dit *Pirellone* (le grand Pirelli), considéré avec le Duomo comme l'un des symboles de Milan et l'un des plus élégants gratte-ciel existants, en raison de sa forme svelte et de ses flancs biseautés.

Un peu plus loin, côté Porta Nuova, voici s'élever la nouvelle « city » de Milan. Entamé en 2009, un gigantesque chantier a permis de faire de la capitale lombarde, la ville italienne le plus développée à la verticale. Du haut des pinacles du Duomo les statues de la cathédrale font désormais face à une forêt de gratte-ciel. Palazzo Regione Lombardia, siège de la région, qui atteint les 161 m, vient d'être dépassé par la très esthétique Torre Unicredit à 230 m de hauteur. Délimité par deux mastodontes de l'architecture d'avant-garde milanaise, la Gare Centrale à l'est, et le Cimetière Monumental à l'ouest, ce quartier jadis un peu délaissé est celui qui aujourd'hui a vécu la transformation la plus radicale à Milan. L'inauguration en 2012 de la Piazza Gae Aulenti, prouesse architecturale surélevée de 100 m par rapport au sol, entre jeux d'eau et jeux de miroirs, a fait de ce périmètre l'un des pôles clés de la métropole.

Juste à côté, Corso Garibaldi et Corso Como sont devenus depuis une vingtaine d'années, des avenues synonymes de tendance et de soirées huppées. L'ambiance branchée des restaurants, des boutiques, des cafés et des boîtes de nuit, a favorisé la naissance d'une nightlife urbaine fashion et parfois transgressive. Hormis quelques mythologies métropolitaines, la revalorisation est bel et bien à l'œuvre. Même le quartier de l'Isola (l'île), ainsi nommé car autrefois séparé du reste de la ville par la gare ferroviaire de Garibaldi (un pont piéton permet de franchir la distance en quelques minutes) est aujourd'hui en train d'être fortement réévalué surtout grâce à la savante récupération de zones industrielles qui se transforment en de précieux lofts, grands ateliers pour designers affirmés, bars et centres culturels. Moins fréquenté que les quartiers du centre historique mais presque aussi tendance, il propose pourtant un bon choix de *locali* (lieux de sortie) à l'ambiance authentique et branchée.

Toujours dans ce périmètre urbain, nous retrouvons le Cimetière monumental, l'un des plus extravagants d'Europe avec ses tombeaux sculptés. Ne manquez pas sa visite : les bourgeois milanais qui y sont enterrés ont donné libre cours à leurs fantasmes les plus fous. Certains ont même reproduit *La Cène* de Léonard, grandeur nature ! Écho des grands projets à l'œuvre, son impressionnante statuaire observe curieuse la transformation progressive du quartier et semble bien décidée à continuer à vouloir en faire partie.

Dans ce quartier peut-être plus qu'ailleurs le tissu urbain si discontinu et en même temps harmonieux laisse percevoir le caractère unique de Milan. Dans une rue, on peut admirer des immeubles en style Liberty d'une grâce exquise pour l'équilibre de leur décor et la facture des fers forgés, à peine quelques mètres plus loin voici apparaître une *casa di ringhiera*, traditionnelle maison à balustrade d'origine populaire, décidément romantique. De leurs sommets, les nouveaux gratte-ciel du quartier de Porta Nuova veillent désormais sur le « vieux Milan ». Un polyèdre de styles, d'images et de sensations qui dans leur hétérogénéité ont fini par définir une empreinte, par déterminer un caractère.

Bâtiment Art Nouveau, Via Marcello Malpighi.

VISITER

CASA MUSEO BOSCHI DI STEFANO ★

Via Jan, 15
✆ +39 02 20 24 05 68
www.fondazioneboschidistefano.it
info@fondazioneboschidistefano.com
M1 Lima.
Ouvert du mardi au dimanche de 10h à 18h. Entrée libre.
Impressionnante collection de peinture moderne rassemblée par les époux Antonio Boschi e Marieda di Stefano et léguée à la ville en 1973. La ville de Milan s'engageait ainsi à l'exposer au public dans l'immeuble de famille de Via Jan, bel exemple de style Liberty. Parmi les chefs-d'œuvre on peut citer des œuvres de Boccioni, Sironi, Severini, De Chirico ainsi qu'une salle entière dédiée à Fontana.

CIMITERO MONUMENTALE (CIMETIÈRE MONUMENTAL) ★★

Via Ceresio
Piazzale Cimitero Monumentale
✆ +39 02 88 44 57 06
M2 Garibaldi FS.
Du mardi au dimanche de 8h à 18h.
Entrée libre.

Celui qui depuis 1866 est *le* cimetière des Milanais a bien mérité son surnom de « monumental ». Son étendue de plus de 20 hectares, ainsi que la majesté des volumes et la noblesse des matériaux des monuments funèbres en font un exemple unique en Italie. C'est un véritable musée en plein air.

GRATTACIELO PIRELLI ★

Piazza Duca d'Aosta, 3
M2, M3 Centrale FS.

Précurseur des récents gratte-ciel du quartier, le *Pirellone*, cher aux Milanais, est l'œuvre maîtresse du grand architecte Gio Ponti. Construit entre 1956 et 1960 à l'emplacement de l'ancienne usine Pirelli, il fut le cadre d'un incident tragique le 18 avril 2002 quand un avion de tourisme s'écrasa contre le 26e étage. Longtemps siège de la Région Lombardie (désormais sis au Palazzo Lombardia), il accueille aujourd'hui différents bureaux administratifs.

UN URBANISME D'AVANT-GARDE

Tournée vers l'avenir, Milan remodèle son urbanisme avec la même classe et le même savoir-faire que les grands couturiers. Le quartier de Porta Nuova est depuis la dernière décennie le laboratoire de tout un quartier de gratte-ciel dernière génération, dont certains ont remporté d'importants prix internationaux. Voici les architectures les plus spectaculaires.

- **Bosco Verticale.** Un véritable jardin à la verticale pousse sur les murs et terrasses de ces deux tours d'habitation hautes de 76 et 110 m conçues par le Studio Boeri. Le projet a remporté le prix d'architecture international Highrise Award en 2014.

- **Torre Diamante.** Œuvre de l'architecte Kohn Pederson, sa façade à multiples facettes trône depuis 2012 entre le viale della Liberazione et la piazza della Repubblica. Du haut de ses 130 m de hauteur, elle arrive à la 3e place parmi les gratte-ciel les plus hauts d'Italie.

- **Palazzo Lombardia.** Le nouveau siège de la Région Lombardie a bien fière allure : création du cabinet new-yorkais Pei Cobb Freed & Partnersen en 2011, il ouvre ses portes gratuitement le dimanche pour accéder au 39e étage. La vue y est stupéfiante.

- **Torre Unicredit.** Magnifique tour qui veille sur la piazza Gae Aulenti du haut de ses 231 m, elle est classée gratte-ciel le plus haut d'Italie. Inaugurée en 2014, œuvre de l'architecte Cesare Pelli, comme son nom l'indique, elle est le siège du groupe bancaire Unicredit.

Cimetière monumental.

© PHILIPPE GUERSAN – AUTHOR'S IMAGE

Gare Centrale à l'architecture mussolinienne.

© STÉPHAN SZEREMETA

MEMORIALE DELLA SHOAH
Piazza Edmond J. Safra, 1
✆ +39 02 282 0975
www.memorialeshoah.it
prenotazioni@memorialeshoah.it
Fermé le samedi. Ouvert le lundi de 9h30 à 19h30, du mardi au jeudi de 10h à 14h30 et le dimanche de 10h à 14h. Tarif : 10 €, étudiant : 5 €.
Le Mémorial de la Shoah se trouve sous les quais de la gare Centrale, à l'endroit où étaient à l'origine chargés et déchargés les wagons de la poste. Entre 1943 et 1945, c'est ici, loin des yeux de tous, que des milliers de personnes, juives pour la plupart, furent déportées vers les camps de concentration et d'extermination nazis. À l'entrée du Mémorial, un grand mur sur lequel est inscrit « Indifferenza » accueille les visiteurs, leur rappelant que l'indifférence fut à l'origine de la Shoah. La visite se poursuit à l'intérieur des wagons qui accueillirent les déportés. À savoir : les panneaux explicatifs sont en italien. Si vous ne le comprenez pas, nous vous conseillons de télécharger gratuitement l'application du Mémorial sur le site Internet où vous retrouverez toutes ces informations en français.

PIAZZA GAE AULENTI ★
Piazza Gae Aulenti
M2 Garibaldi FS.
Témoin de l'urbanisme galopant du quartier, cette place au design réussi mérite une visite. Entourée par les deux bras du gratte-ciel du groupe Unicredit, elle est surélevée de 6 m par rapport au niveau de la route. Dédiée au célèbre architecte qui dessina le Musée d'Orsay, elle est bordée de commerces et de cafés sympathiques. En levant les yeux, le regard se perd dans les parois bleutées et infinies du gratte-ciel.

QUARTIER CHINOIS ★
Via Paolo Sarpi
M5 Monumentale.
Milan aussi a sa propre petite Chinatown : le long de la via Paolo Sarpi, les boutiques d'habillement et les restaurants asiatiques se suivent l'un après l'autre. En février, les animations ne manquent pas à l'occasion du Nouvel An Chinois.

STAZIONE MILANO CENTRALE ★
Piazza Duca d'Aosta
M2, M3 Centrale FS.
La masse grandiose de la gare centrale (207 m de façade) fut solennellement inaugurée le 15 mai 1931. Triomphe du néoclassicisme mussolinien, son style est pour le moins curieux. Entre un Liberty tardif et un Art déco à l'italienne, ses parois sont ornées de reliefs et de statues incarnant le symbolisme du régime. Restaurée entre 2005 et 2010, elle est la seconde gare d'Italie, avec un flux annuel de passagers autour des 120 millions de voyageurs.

SE RESTAURER

SUR LE POUCE

PRINCI
Piazza XXV Aprile, 5
✆ +39 02 2906 0832
www.princi.it
princi@princi.it
M2 Moscova.
Du lundi au vendredi de 7h à 23h. Le samedi et le dimanche de 8h à 23h.

« *In the name of bread* », voici la devise de cette boulangerie contemporaine, chérie par les Milanais. Au petit déjeuner, au déjeuner et à l'apéro, il vous faudra toujours faire la queue pour déguster *pizze e foccacie* onctueuses, brioches et pains de toutes sortes.

Autres adresses : Largo La Foppa 2. • Via Ponte Vetero 10. • Via Speronari, 6

RAVIOLERIA SARPI

Via Paolo Sarpi, 25/27
✆ +39 331 887 0596
Ouvert tous les jours de 10h à 15h et de 16h à 21h30. 3,50 € les 4 raviolis, 2 € le baozi.
Parmi la vaste offre de cuisine asiatique de la via Paolo Sarpi, au cœur du Chinatown milanais, nous nous devions de vous citer la Ravioleria Sarpi ! À toute heure, une foule de gourmands se presse devant ce temple de la *street food.* Ce comptoir propose des raviolis à la vapeur succulents. On les déguste debout, avant de se rendre au n° 25 de la rue pour goûter cette fois aux baozi.

PAUSE GOURMANDE

GELATO GIUSTO

Via San Gregorio, 17
✆ +39 02 29 51 02 84
www.gelatogiusto.it
M1 Porta Venezia.
De mardi à dimanche de midi à 20h30.
Vittoria, la *gelataia* de Gelato Giusto, diplômée de l'Académie culinaire de France est passée par Lenôtre et Valrhona... Cela devrait être suffisamment convaincant au niveau de la qualité de ses glaces qui en effet n'ont absolument rien à se reprocher. A côté des grands classiques, des parfums comme ricotta, orange sanguine et poire chocolat méritent d'être découverts.

TERRA GELATO

Via Vitruvio, 38
✆ +39 02 91948458
www.terragelato.it
info@terragelato.it
Ouvert tous les jours de 11h30 à 23h (minuit le vendredi et le samedi). Glace à partir de 2,70 €.
Beaucoup de Milanais vous diront que c'est l'un des meilleurs glaciers de la ville, et en plus il se trouve à quelques pas de la gare centrale ! C'est donc l'endroit idéal pour s'accorder une pause gourmande avant de prendre son train. Pour une expérience encore plus typique, on vous conseille le goût «panettone» !

BIEN ET PAS CHER

CAFÉ GORILLE

Via de Castillia, 20
✆ +39 026887627
www.cafegorille.it
Ouvert du mardi au dimanche, de 8h à minuit.
Une adresse à retenir, juste en face du Bosco Verticale. La cuisine, ouverte non-stop du matin au soir, mêle ici des influences espagnoles et françaises en mettant à l'honneur des produits italiens de qualité. Le menu change tous les jours en fonction des arrivages et des saisons. La décoration industrielle très tendance en fait un lieu agréable pour une pause à tout moment de la journée. Le matin, vous pourrez aussi y prendre un petit déjeuner sucré ou salé.

LATTERIA SAN MARCO

Via San Marco, 24
✆ +39 02 659 7653
M2 Moscova.
Autour des 30 €. Fermé le week-end.

© STÉPHAN SZEREMETA

Pâtes fraîches.

Une ancienne crémerie reconvertie en bistrot. Un lieu très fréquenté surtout par les journalistes du siège voisin du Corriere della Sera. Gestion familiale qui propose chaque jour des plats différents, selon l'arrivage du marché.

OTTO

Via Paolo Sarpi, 8
www.sarpiotto.com
posta@sarpiotto.com
M5 Monumentale.

Du mardi au samedi de 10h à 2h, et le lundi de 19h à 2h. Brunch le week-end, de 12h30 à 15h.

Au cœur du Chinatown milanais, voici une adresse claire et lumineuse, au style hipster très new-yorkais. Décorée de plantes vertes, on s'assoie ici côte-à-côte sur les grandes tablées en bois pour croquer dans les *quadrotti*, ces curieuses tranches de pain de mie garnies de houmous ou encore de saumon fumé, servies à toute heure de la journée. Valable également pour une tasse de thé ou un cocktail.

PICCOLA ISCHIA

Via Morgagni, 7 © +39 02 204 7613
www.piccolaischia.it

Addition 10-30 €. Fermé le mercredi et le midi durant le week-end.

Dans la plus pure tradition napolitaine ! L'ambiance est très animée autour du grand feu de bois, où une armée de *pizzaioli* s'empresse de fabriquer et de cuire la pizza que vous aurez choisi sur une très longue liste.

PIZZERIA DA GIULIANO

Via Paolo Sarpi, 60 © +39 02341630
www.pizzeriadagiulianomilano.it
pizzeriadagiuliano@virgilio.it

Ouvert du mardi au dimanche de 12h à 14h30 et de 18h à 23h30.

Une pizzeria historique. Ici, on vous servira la fameuse «pizza al trancio», une part de pizza copieuse tout juste sortie du four. Les locaux en raffolent ! La base est toujours celle d'une *margherita*. Vous pouvez la déguster telle quelle ou bien ajouter du jambon, des olives... Sur place ou à emporter, c'est un must à Milan !

RADICE TONDA

Via L. Spallanzani, 16
✆ +39 02 36 73 79 24
www.radicetonda.it
info@radicetonda.it
M1 Porta Venezia.

Addition 8-18 €. Tous les jours 8h30-23h. Le week-end à partir de 9h30. Une autre adresse : piazza Buozzi, 5.

Toujours en phase avec les tendances actuelles, Milan a son bistrot *take away* végétarien où tous les produits sont bio et certifiés. Près du Corso Buenos Aires commerçant, cette adresse nature propose tous les jours plus de 200 types différents de soupes et veloutés, suivies de lasagnes, de quiches, de burgers veggie, de sandwiches et de salades aussi sains que goûteux. Les boissons sont tout aussi bio que le reste, du *smoothie* à la bière.

Autre adresse : Piazza Buozzi 5 - M3 Porta Romana

BONNES TABLES

AL MATAREL

Corso Garibaldi, 75
✆ +39 02 65 42 04
M2 Moscova.

Addition 25-40 €. Fermé le mardi et le mercredi midi.

Une institution culinaire en ville qui propose une cuisine milanaise fidèle aux recettes de grand-mère : le classique *risotto alla milanese* (au safran jaune), la côtelette panée, les pâtes aux haricots et le rôti de veau « noyé » dans son risotto. Os à moelle et *panettone* ne manquent pas non plus. Pour les nostalgiques des ambiances surannées et pour les amoureux de l'authentique.

ANTICA TRATTORIA DELLA PESA

Viale Pasubio, 10
✆ +39 02 655 5741
www.anticatrattoriadellapesa.com
M° Porta Garibaldi.
Bus 41, 43, 51, 70.
Tram 3, 4.

Addition 40-60 €. Fermé le dimanche.

Cette brasserie tire son nom de « *la pesa* », ancien système de mesure pour les marchandises, placée face à l'entrée. Trois salles boisées vous accueillent à l'endroit où parait-il Hô Chi Minh venait se restaurer. Cuisine milanaise où le risotto sauté et la salade de *nervetti* (petits nerfs de veau) vous laisseront un excellent souvenir.

DRY MILANO

Via Solferino 33
✆ +39 02 63 79 34 14
www.drymilano.it
info@drymilano.it
M2 Moscova.

Ouverture de 19h à 2h (minuit pour la pizzeria). Tables réservables de 16h à 20h30. Autre adresse : Viale Vittorio Veneto, 28.

Formule gagnante pour ce bistrot qui fait le plein tous les soirs. Cocktails curieux et pizzas gourmandes s'y associent pour offrir un *aperitivo* original. De grandes vitres ouvrant sur la via Solferino et un cadre plutôt aseptisé, style dépôt industriel, forment le décor.
Pas de buffet ou d'happy hour ici, mais des cocktails à siroter accompagnés par une sélection de *finger food*. Ceux qui souhaiterait quelque chose de plus copieux pourront opter pour des *pizze* et focacce tout droit sorties du four.

VERSION NUMÉRIQUE
OFFERTE
Obtenez votre guide numérique en scannant le QR code
ou rendez-vous sur le site
www.ebookfute.com
avec le code avantage
6NRB8S
petit futé
2021 2022
MILAN
OFFRE VALABLE JUSQU'À L'ARRÊT DE COMMERCIALISATION DU TITRE EN FRANCE MÉTROPOLITAINE ET DANS LE MONDE ET SOUS RÉSERVE QUE LE NOMBRE
DE TÉLÉCHARGEMENTS SOIT INFÉRIEUR OU ÉGAL AU NOMBRE D'EXEMPLAIRES DE GUIDES PAPIER IMPRIMÉS. FORMATS DISPONIBLES POUR SMARTPHONES, TABLETTES, LISEUSES ET ORDINATEURS PC OU MAC.
© PERFECTLAB - SHUTTERSTOCK.COM

© RATANÀ

Ratanà.

LA LIBERA
Via Palermo, 21
✆ +39 02 80 53 603
www.ristorantelaliberamilano.com
info@ristorantelaliberamilano.com
M2 Moscova.
Addition 25-45 €. Tous les jours de 19h30 à minuit et demi.
Un petit air de France souffle dans cette brasserie, qui pourtant s'inscrit dans la plus sincère tradition milanaise. Au menu une excellente côtelette panée (la *coteletta alla milanese*) et des desserts maison vraiment exquis. Egalement pizzeria, la pizza à la pâte aux olives est sans nul doute très réussie.

RATANÀ
Via Gaetano de Castilla, 28
✆ +39 02 87 12 88 55
www.ratana.it
info@ratana.it
M2 Garibaldi, M5 Isola.
Addition 35-55 €. Ouvert tous les jours.
Cadre insolite pour un restaurant milanais qui a élu demeure dans une jolie maison de maître début 1900, entourée d'une grande terrasse, cernée par les hauteurs des gratte-ciel du quartier de Porta Nuova. Le chef Cesare Battisti se replonge dans la tradition culinaire milanaise et lombarde, tout en simplifiant les préparations et retravaillant les basiques avec sa touche personnelle. Résultat plus que satisfaisant aussi bien au goût qu'au niveau de la présentation. *Risotti* à découvrir.

IL RIGOLO
Largo Treves, 11
✆ +39 02 86 46 32 20
www.rigolo.it
info@rigolo.it
M° Moscova. Bus 94.
Addition 30-60 €. Fermé lundi.
Un classique à Milan, qui ne déçoit jamais. Très fréquenté par les journalistes du siège voisin du *Corriere della Sera*, Rigolo propose une cuisine savoureuse et soignée d'inspiration toscane. Très bons plats de poissons et *bolliti misti* (viandes bouillies).

LUXE

JOIA
Via Panfilo Castaldi, 18
✆ +39 02 29 52 21 24
www.joia.it
info@joia.it
Addition entre 70-100 €. Fermé le dimanche.
Un restaurant unique en Italie car c'est le seul où l'on mange une cuisine végétarienne haut de gamme. On y trouve aussi de délicieuses recettes à base de poisson. Pour finir, les desserts sont excellents.

SHOPPING

Le quartier favori des mannequins vous réserve plusieurs bonnes surprises en matière de shopping. A commencer par des boutiques à la pointe de la mode, qui conservent tout de même un je-ne-sais-quoi de l'esprit du « vieux Milan ». Un peu plus loin, entre le Parco Sempione et le Cimitero Monumentale, quelques rues comme Via Paolo Sarpi, Via Canonica et Via Rosmini, sont devenues le Chinatown milanais. Un quartier entier à ne pas sous-estimer si vous êtes à la recherche de marchandise bon marché mais non moins intéressante.

10 CORSO COMO
Corso Como, 10
✆ +39 02 654 831
www.10corsocomo.com
shop@10corsocomo.com
M2 Garibaldi FS.
Boutique : tous les jours de 10h30 à 19h30. Le mercredi et le jeudi jusqu'à 21h. Café jusqu'à 1h.
Aménagé dans une traditionnelle maison populaire *di ringhiera* (à balcon filant), siège d'une ancienne usine de Renault et d'un dépôt de Coca Cola, cet espace atypique a toujours autant de succès qu'au premier jour de son ouverture en 1990. Un *concept store* qui abrite aujourd'hui une galerie d'art, une librairie, un restaurant, un café branché, un hôtel design et une boutique d'articles fascinants.

Boutique du 10 Corso Como.

■ **EATALY MILANO SMERALDO**
Piazza XXV Aprile, 10
✆ +39 02 4949 7301
www.milano.eataly.it
eatalysmeraldo@eataly.it
M2 Moscova et M2, M5 Garibaldi.
Ouvert tous les jours de 8h30 à 24h.
Temple de la gastronomie italienne, cette « grande épicerie » installée dans un ancien théâtre, propose une sélection des meilleurs produits en provenance directe des régions. Les rayons frais bénéficient d'arrivages quotidiens, de la meilleure qualité. Etape obligatoire pour tous les amoureux de la cuisine italienne. De plus, chaque rayon propose un service restauration.

■ **ENOTECA COTTI**
Via Solferino, 42
✆ +39 02 29 00 10 96
www.enotecacotti.it
M2 Moscova, bus 41, 43, 94.
Du mardi au samedi de 9h à 13h et de 15h à 20h.
L'une des œnothèques-distilleries les plus connues de Milan. Un professionnalisme qui se transmet depuis des générations et une amabilité jamais démentie.

■ **HIGH TECH**
Piazza XXV Aprile, 12
✆ +39 02 62 41 101
www.cargomilano.it
info@cargomilano.it
M2 Garibaldi FS.
Tous les jours de 10h30 à 19h30.
Ancienne fabrique d'encre pour le journal milanais *Corriere della Sera*, ce grand magasin incroyable est un fourre-tout d'objets déco, de parfums et d'accessoires divers.

SORTIR

CAFÉS - BARS

■ **10 CORSO COMO CAFE**
Corso Como, 10
✆ +39 02 29 00 2674
www.10corsocomo.com
bookshop@10corsocomo.com

Eataly Milano Smeraldo.

M2 Garibaldi FS.
Trams 29, 30, 33.
Addition 20-50 €. Tous les jours de 10h30 à 1h.
Un café contemporain décoré de verdure, au centre du concept-store de Carla Sozzani, directrice de *Vogue Italy* et bien connue dans le milieu fashion. On y mange une cuisine légère et raffinée, des brunchs et des apéros amusants et quelques excentricités comme les blinis au caviar, accompagnés de thés Mariage Frères.

BAR BASSO
Via Plinio, 39
✆ +39 02 29 40 05 80
www.barbasso.com
barbassomilano@gmail.com
M1 Lima.
Du mercredi au lundi 9h-1h30.
Ouvert il y a trente-cinq ans, ce bar est toujours resté l'un des préférés des artistes et des designers, qui raffolent de ses célèbres cocktails dont certains sont des morceaux d'histoire comme le *Mangia e bevi* (mange et bois, à base de glace, fruits et liqueur) et le *Negroni sbagliato* (faux négroni) breveté il y a trente-cinq ans !

BLUE NOTE
Via Pietro Borsieri, 37
✆ +39 02 69 01 68 88
www.bluenotemilano.com
info@bluenotemilano.com
M5 Isola.
Du mardi au samedi de midi à 22h, le lundi de midi à 19h. Réservation en ligne pour les spectacles.
Le temple du jazz à Milan, pendant européen de son cousin homonyme de New York. De grandes stars internationales sont à l'affiche et attention, les places s'arrachent ! Possibilité de dîner sur place, en y mettant le prix.

DRY MILANO
Via Solferino 33
✆ +39 02 63 79 34 14
www.drymilano.it
info@drymilano.it
M2 Moscova.
Autre adresse : Viale Vittorio Veneto, 28.
Un endroit très couru par les habitués qui sert la formule originale de l'*aperitivo* « à la pizza ». En effet cocktails et verres de vin sont accompagnés de tranches de pizza réalisées dans les règles de l'art. Toujours bondé, pensez à réserver si vous prévoyez de vous y arrêter également pour dîner, car l'adresse fait aussi restaurant.

FRIDA
Via Pollaiuolo, 3
✆ +39 02 680 260
www.fridaisola.it
frida@fridaisola.it
M2 Garibaldi, Zara.
Trams 7, 11.
Ouvert tous les jours de 12h à 15h et de 18h à 2h, le samedi de 12h à 2h et le dimanche de 12h à 15h et de 17h à 1h.
Un art-café accueillant et sincère. Une belle cour ombragée et deux espaces décorés de manière originale. On y sert des plats de la tradition italienne légèrement revisités le midi, et le soir on vient y déguster un cocktail accompagné d'une petite assiette pour l'apéritif. Ponctuellement, expos et représentations théâtrales.

MINT GARDEN CAFÉ
Via F. Casati, 12
✆ +39 02 83 41 78 06
www.mintgardencafe.it
info@mintgardencafe.it
Lundi de 8h à 23h, mardi et dimanche de 8h à minuit, mercredi et jeudi de 8h à 1h, vendredi et samedi de 8h30 à 1h30.

Un simple fleuriste transformé en bistrot bucolique et pittoresque. Actif à toutes les heures de la journée, c'est cependant à l'heure de l'apéritif que l'adresse bat son plein, grâce à une bonne sélection de vins au verre, une discrète liste de cocktails et quelques amuse-gueules (chips, olives, tartines, portions de pizza et de focaccia...). Parfait pour siroter un verre entouré de plantes et des fleurs.

PATTINI ENOTECA MOSCATELLI

Corso Garibaldi, 93
✆ +39 02 655 4602
M2 Moscova, bus 94.
Du lundi au samedi de 7h à 2h. Jusqu'à 23h le dimanche.
Ici sont réunies deux enseignes historiques milanaises, le bar à vin Moscatelli et la boulangerie Pattini, pour donner vie à une adresse aussi vivante que caractéristique. Accueillante à tout moment de la journée, c'est à l'heure de l'apéritif qu'elle donne le meilleur d'elle-même pour un verre de vin ou un cocktail, accompagné d'un riche buffet dînatoire.

CLUBS ET DISCOTHÈQUES

ALCATRAZ

Via Valtellina, 25
✆ +39 02 69 01 63 52
www.alcatrazmilano.com
concerti@alcatrazmilano.it
M° Zara, Maciachini.
Bus 41, 57, 70. Tram 3.
Vendredi et samedi de 23h à 4h. Entrée 8-15 €.
La plus grande discothèque fermée de Milan (2 000 entrées par soirée) devenue l'une des plus appréciées et fréquentées aussi. Souvent utilisée pour des soirées sponsorisées, défilés et concerts. La variété musicale est une des meilleures de la ville. Nombreuses soirées années 1980 et musique rock.

LOOLAPALOOSA

Corso Como, 15 ✆ +39 02 655 5693
www.loolapaloosa.com
Ouvert tous les jours de 18h à 5h. Entrée 10 €.
Barmans déchaînés, clients déchaînés et une musique elle aussi déchaînée. Il faut essayer une fois pour apprécier (ou non) l'ambiance un peu off-limit de ce bar où les tables ne servent pas à poser les verres mais les pieds.

NAVIGLI, PORTA ROMANA ET DESIGN DISTRICT

IMMANQUABLE DANS CE QUARTIER

- Se mêler aux étudiants dans la cour de l'université Ca' Granda.
- Passer la soirée autour du Corso di Porta Ticinese.
- Admirer les case di ringhiera le long de l'Alzaia Naviglio Grande.
- Visiter l'impressionnant ossuaire de l'église San Bernardino alle ossa.
- Visiter la Fondazione Prada, temple de l'art contemporain.

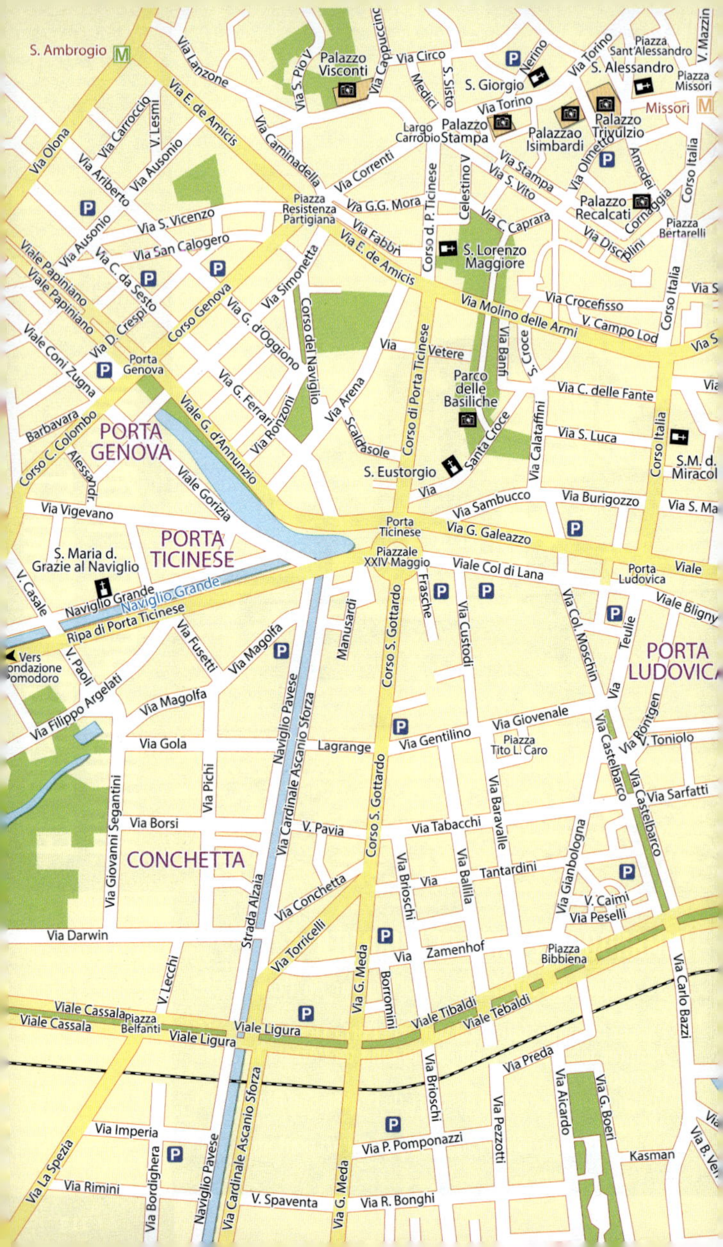

S. Ambrogio
Palazzo Visconti
Via Circo
S. Giorgio
Via Torino
S. Alessandro
Piazza Sant'Alessandro
Piazza Missori
Missori
Palazzo Trivulzio
Palazzo Stampa
Largo Carrobio
Palazzao Isimbardi
Palazzo Recalcati
Piazza Bertarelli
Via Lanzone
Via E. de Amicis
Via Caminadella
Via Correnti
Via S. Pio V
Via Cappuccini
Medici
S. Sisto
Nerino
Via Olmetto
Amedei
Corso Italia
V. Mazzini
Via Stampa
Via S. Vito
Via C. Caprara
Via Disciplini
Cornaggia
Via Olona
Via Carroccio
V. Lesmi
Via Ausonio
Via Ariberto
Via S. Vicenzo
Via San Calogero
Piazza Resistenza Partigiana
Via G.G. Mora
Via Fabbri
Corso d. P. Ticinese
Celestino V
S. Lorenzo Maggiore
Viale Papiniano
Via C. da Sesto
Via D. Crespi
Corso Genova
Via G. d'Oggiono
Via Simonetta
Corso del Naviglio
Via Vetere
Corso di Porta Ticinese
Via Molino delle Armi
Via Crocefisso
V. Campo Lodi
Via Banfi
S. Croce
Viale Coni Zugna
Porta Genova
Via G. Ferrari
Via Ronzoni
Via Arena
Scaldasole
Parco delle Basiliche
Via C. delle Fante
Via S. Luca
Via Calatafimi
Barbavara
Corso C. Colombo
PORTA GENOVA
Alessandri
Viale G. d'Annunzio
Viale Gorizia
S. Eustorgio
Via Santa Croce
S.M. d. Miracoli
Via Vigevano
Via Sambucco
Via Burigozzo
Via S. Ma
Porta Ticinese
Via G. Galeazzo
S. Maria d. Grazie al Naviglio
PORTA TICINESE
Piazzale XXIV Maggio
Viale Col di Lana
Porta Ludovica
Viale
V. Casale
Naviglio Grande
Ripa di Porta Ticinese
Frasche
Via Custodi
Via Col. Moschin
Viale Bligny
Vers Fondazione Pomodoro
Via Fusetti
Via Magolfa
Manusardi
Corso S. Gottardo
Teulie
PORTA LUDOVICA
V. Paoli
Via Filippo Argelati
Naviglio Pavese
Via Cardinale Ascanio Sforza
Via Giovenale
Via Röntgen
V. Toniolo
Via Gola
Lagrange
Via Gentilino
Piazza Tito L. Caro
Via Castelbarco
Via Pichi
Via Baravalle
Via Sarfatti
Via Borsi
V. Pavia
Via Tabacchi
Via Giovanni Segantini
CONCHETTA
Via Brioschi
Via Ballila
Via Tantardini
Via Gianbologna
V. Caimi
Via Peselli
Strada Alzaia
Via Conchetta
Via Darwin
Via Torricelli
Via Zamenhof
Piazza Bibbiena
V. Lecchi
Via G. Meda
Borromini
Via Carlo Bazzi
Viale Cassala
Piazza Belfanti
Viale Liguria
Viale Tibaldi
Viale Tebaldi
Via Preda
Via Aicardo
Via G. Boeri
Via Imperia
Via La Spezia
Via Bordighera
Via P. Pomponazzi
Via Pezzotti
Kasman
Via B. Ve
Via Rimini
V. Spaventa
Via R. Bonghi

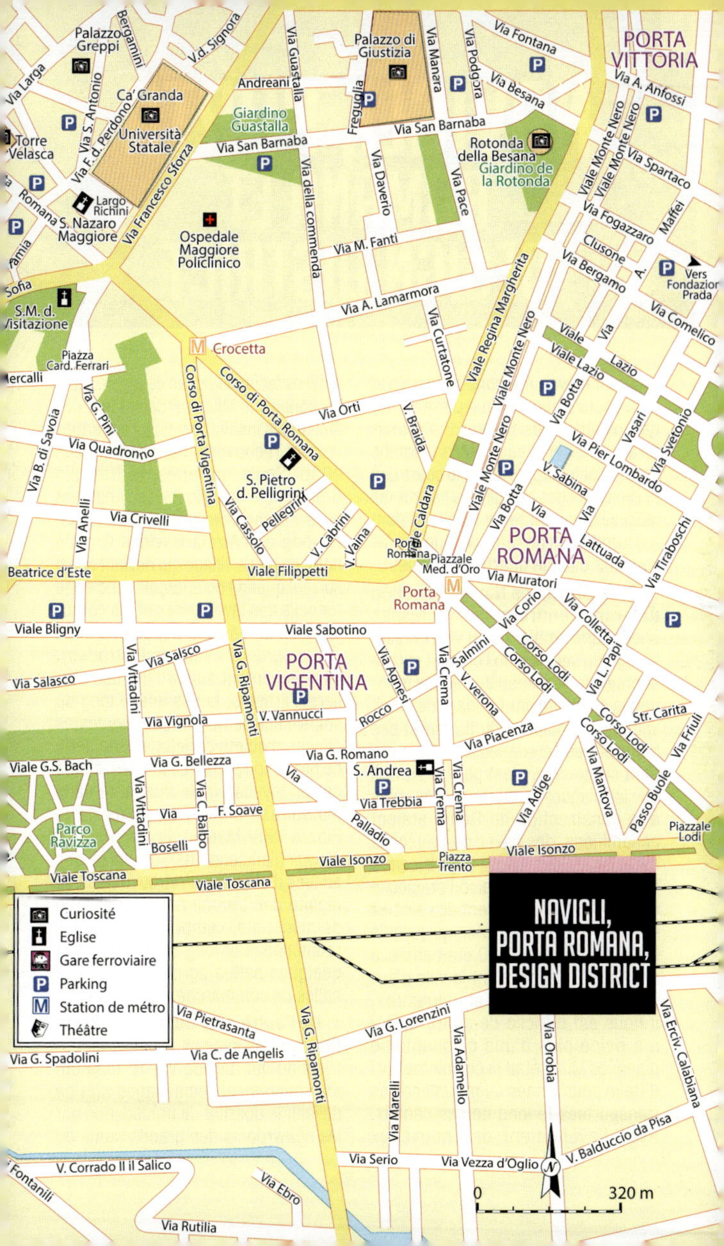
NAVIGLI, PORTA ROMANA, DESIGN DISTRICT
PORTA VITTORIA
PORTA ROMANA
PORTA VIGENTINA
Palazzo Greppi
Ca' Granda
Università Statale
Torre Velasca
Largo Richini
S. Nazaro Maggiore
Palazzo di Giustizia
Giardino Guastalla
Ospedale Maggiore Policlinico
Rotonda della Besana
Giardino de la Rotonda
S.M. d. Visitazione
Piazza Card. Ferrari
Crocetta
S. Pietro d. Pellegrini
Porta Romana
Piazzale Med. d'Oro
S. Andrea
Parco Ravizza
Piazza Trento
Piazzale Lodi
Vers Fondazione Prada
Via Larga
Bergamini
V.d. Signora
Via S. Antonio
Via F. d. Perdono
Via Francesco Sforza
Andreani
Via Guastalla
Via San Barnaba
Freguglia
Via Manara
Via Podgora
Via Fontana
Via Besana
Via A. Anfossi
Viale Monte Nero
Via Spartaco
Via Fogazzaro
Maffei
Clusone
Via Bergamo
Via Comelico
Via della commenda
Via Daverio
Via Pace
Via M. Fanti
Via A. Lamarmora
Via Curtatone
Viale Regina Margherita
Viale Lazio
Via Botta
Vasari
Via Svetonio
Via Pier Lombardo
V. Sabina
Via Lattuada
Via Tiraboschi
Via Muratori
Via Orti
V. Braida
Corso di Porta Romana
Corso di Porta Vigentina
Via Caldara
Romana
Sofia
Mercalli
Via G. Pini
Via Quadronno
Via B. di Savoia
Via Anelli
Via Crivelli
Via Cassolo
Pellegrini
V. Cabrini
V. Vaina
Beatrice d'Este
Viale Filippetti
Viale Bligny
Via Salasco
Via Vittadini
Via Vignola
Via G. Ripamonti
Viale Sabotino
Via Agnesi
V. Vannucci
Rocco
Via Crema
Salmini
V. Verona
Via Corio
Via Colletta
Corso Lodi
Via L. Papi
Str. Carità
Via Friuli
Via Piacenza
Via G. Romano
Via G. Bellezza
Viale G.S. Bach
Via C. Balbo
Via F. Soave
Boselli
Via Palladio
Via Trebbia
Via Adige
Via Mantova
Passo Buole
Viale Isonzo
Viale Toscana
Via Pietrasanta
Via G. Lorenzini
Via Adamello
Via Orobia
Via Erciv. Calabiana
Via G. Spadolini
Via C. de Angelis
Via Marelli
Via Serio
Via Vezza d'Oglio
V. Balduccio da Pisa
V. Corrado II il Salico
Fontanili
Via Ebro
Via Rutilia
0
320 m
Curiosité
Eglise
Gare ferroviaire
Parking
Station de métro
Théâtre

NAVIGLI, PORTA ROMANA ET DESIGN DISTRICT

A défaut d'avoir été construite le long d'un cours d'eau, Milan a pu se vanter de posséder des fleuves... « miniatures ». Parler d'eau à Milan signifie irrémédiablement évoquer le cours lent et silencieux des Navigli, ces canaux qui jadis sillonnaient toute la ville et dont aujourd'hui on ne retrouve que le pâle souvenir dans le quartier sud-ouest.

Avec Brera, les Navigli sont l'un des rares endroits où l'on respire encore une ambiance du vieux Milan. Il s'agit du seul lieu où l'on peut encore apercevoir ce réseau de canaux aménagés en partie par Léonard de Vinci, vecteurs principaux du transport des biens et des personnes. En effet pendant six siècles, c'est par les Navigli que les plaques de marbre nécessaires à la construction du Dôme étaient acheminées, des caves de Candoglia sur le lac Majeur, jusque dans le centre historique. Autre cargaison précieuse à avoir parcouru pendant des siècles le lit des Navigli, le gravier, qui jusqu'à la fin des années 1950 était entassé à la Darse. Connaissant la ville d'aujourd'hui aussi urbaine et « terrestre », il nous est difficile de croire qu'il y a à peine plus d'une cinquantaine d'années Milan était le cinquième port d'Italie pour tonnes de marchandises transportées le long de ces canaux. Avec l'avènement des nouveaux moyens technologiques de locomotion, les canaux de Milan perdaient leur utilité. Jugés insalubres, ils furent entièrement recouverts dans les années 1930. Seuls rescapés, le Naviglio Grande et le Naviglio Pavese chantent encore la chanson du Milan d'autrefois. Le long de l'Alzaia Naviglio Grande flotte un air de village qui devient quasi surréel quand l'on aperçoit l'ancienne tonnelle des lavandières et les caractéristiques maisons populaires dites « *di ringhiera* » (aux balustrades). Elles hébergent aujourd'hui des ateliers d'artistes, tandis que le long du cours d'eau se trouvent des boutiques pleines d'objets curieux et une série de bars et de pubs très animés, chéris par un joyeuse foule étudiante dans les soirées d'été. Aux pieds de la Piazza XXIV Maggio, la *Darsena dei Navigli* (l'ancienne darse), après des années d'abandon a retrouvé toute sa dignité d'autrefois. Resplendissante de modernité, elle promet de belles promenades le long de ses quais et quelques haltes agréables sous les halles de son marché.

De l'autre côté du pont de Porta Genova, les anciens espaces industriels du quartier de Via Tortona ont été savamment réaménagés afin de devenir le quartier de prédilection par les showrooms des grands noms du design italien. En effet, chaque année le Salon international du Meuble, vitrine mondiale de la créativité, tient son quartier général ici, dans ce cadre inattendu où se produit cet étonnant mariage de tradition et de innovation.

Plus au nord, Corso di Porta Ticinese et le Parc des Basiliques sont devenus un des pôles favoris des noctambules. *Locali* (lieux de sortie), glaciers, pizzerias et crêperies semblent pousser à tous les coins de rues, et comme si cela ne suffisait pas, la rue elle-même se transforme en un gigantesque salon mondain à ciel ouvert. Le temps où ce quartier avait une mauvaise réputation est désormais lointain.

En se déplaçant légèrement vers l'est, on rejoint l'aire de Porta Romana. L'ancienne porte d'accès à la ville trône aujourd'hui, solitaire au centre d'une grande place. A sa gauche vous pourrez encore apercevoir quelques pierres, vestige des remparts érigés sous la domination espagnole au XVIIe siècle. Nous sommes ici dans une partie de la ville très fréquentée par les étudiants en raison de la présence des deux principales universités milanaises. En suivant le corso di Porta Romana, non loin du Dôme et de la via Torino, vous arriverez à l'université d'Etat (*Università Statale*). Le bâtiment abritant l'université était nommé Ca' Granda. Il s'agit de l'ancien Hôpital majeur de Milan, construit en 1456 par Filarete, l'architecte qui construisit le château Sforza commandé par Francesco Sforza. Remarquable, l'aile droite de sa longue façade est recouverte de très beaux médaillons en terre cuite, tout comme sa superbe cour centrale. Outre l'université, ce quartier comprend l'une des institutions privées les plus connues d'Italie, l'université Bocconi, foyer des meilleurs économistes italiens et dont les bâtiments (*Grafton Building*) sont une prouesse d'architecture moderne.

VISITER

ARMANI SILOS ★

Via Bergognone, 40
✆ +39 02 91 63 00 10
www.armanisilos.com
info@armanisilos.com
Du mercredi au dimanche de 11h à 19h. Entrée 12 €, réduit 8,40 €.

C'est LE musée dédié à Giorgio Armani, inauguré à l'occasion des 40 ans de carrière du styliste en 2015. Au cœur du quartier design des rues Tortona et Savona, l'immeuble à l'architecture minimaliste, gris et blanc, expose sur 4 niveaux plus de 600 modèles et 200 accessoires signés Armani, créés de 1980 à nos jours. Un thème investit chaque étage : du prêt-à-porter au *day wear* en passant par les scintillantes robes de soirée et les expositions temporaires, les fans de la griffe en auront ici largement pour leur compte.

BASILICA DI SAN NAZARO MAGGIORE ★

Piazza San Nazaro, M3 Crocetta.
Lundi à samedi de 7h30 à 12h30 et de 15h30 à 18h30, samedi et dimanche de 8h à 12h30 et de 15h30 à 19h.

Encore une église fondée par saint Ambroise (IVe) mais reconstruite en style roman après un incendie en 1075. Ce qui frappe à l'intérieur c'est le narthex précédant la nef : mausolée de la famille Trivulzio (gouverneur de Milan lors de la campagne de Louis XII en Italie en 1499), il accueille différents tombeaux curieusement placés dans des niches à mi-plafond, une œuvre voulue par leurs descendants au XVIIe siècle.

CA'GRANDA – UNIVERSITÀ ★

Via Festa del Perdono, 5
M3 Missori.

En 1456, Francesco Sforza commande la construction d'un grand hôpital au Filarete, architecte de renom, auteur de la tour centrale du château Sforza. Hôpital jusqu'en 1942, la Ca'Granda ou Ospedale Maggiore (de son ancien nom) est aujourd'hui le siège de l'Université de Milan. La façade ouest de l'édifice présente un très beau décor, mélange de styles gothique et Renaissance. Au XVIIe siècle, des remaniements lui apportèrent une riche décoration non prévue à l'origine. Le portail central ainsi que la série de médaillons de bustes en saillie remontent ainsi à cette époque. L'intérieur est caractérisé par le Cortilone, une grande cour dominée par un portique surmonté d'une superbe loggia.

MUDEC ★

Via Tortona, 56
✆ +39 02 54 917 – www.mudec.it
info@enricobartolini.net
M3 Porta Genova.

Lundi 14h30-19h30, de mardi à dimanche 9h30-19h30, jeudi et samedi nocturnes jusqu'à 22h30. Entrée gratuite pour la collection permanente.

Un quartier tendance, une architecture d'avant-garde, une collection multi-ethnique, voici les ingrédients qui composent le tout dernier musée milanais dédié aux cultures du monde. Dans cet espace polyvalent où ont trouvé demeure les collections ethnographiques de la ville, s'exposent plus de 200 pièces qui illustrent les échanges culturels entre les différentes populations du monde du XVIIe siècle à l'après-guerre.

La fascination pour l'exotisme, l'évangélisation, les découvertes scientifiques et les échanges commerciaux sont autant de thématiques abordées. Large espace est laissé aux expositions temporaires, allant des toiles de Gauguin au phénomène Barbie.

Ca' Granda (Università degli Studi di Milano) : l'université de Milan.

VINCENZA PEZZUTO, À LA TÊTE D'UNE MAISON-MUSÉE

Vincenza Pezzuto est la présidente de l'association culturelle La Casa delle Artiste qui gère depuis 2014 *La Casa delle Arti – Spazio Alda Merini,* l'espace que la mairie de Milan a dédié à la mémoire d'Alda Merini.

Pouvez-vous nous présenter brièvement Alda Merini ?

Alda Merini fut plusieurs fois nommée pour le Prix Nobel de littérature. C'est une poétesse complexe et tourmentée, qui fut internée dans un hôpital psychiatrique durant dix ans et réduite pendant des années à l'indigence et à la plus triste des solitudes. Elle raconte cette dramatique expérience dans *L'altra verità : Diario di una diversa* (*L'autre vérité : journal d'une étrangère).* Ses vers simples et profonds, empreints d'images et d'émotions, sont compréhensibles de tous. En 2019, à l'occasion des 10 ans de sa mort, la mairie de Milan a rebaptisé le pont du Naviglio qu'elle traversait sans cesse : *ponte Alda Merini.*

Quel est votre rôle au sein du *Spazio Alda Merini* ?

Nous veillons, les autres « abeilles mériniennes » (comme nous nous sommes renommées) et moi, à proposer des événements et des activités en lien avec la pensée d'Alda Merini.

Pouvez-vous nous présenter votre association ?

Il s'agit d'une association à but non lucratif composée de bénévoles qui veulent donner une visibilité majeure aux œuvres faites par des femmes. À *La Casa delle Arti – Spazio Alda Merini,* nous diffusons la figure et les textes d'Alda Merini en développant notamment des projets de formation avec des lycées ou universités de Lombardie et différents événements ouverts à tous.

Que peut-on voir dans cette maison-musée ?

Au premier étage, il y a la reconstruction de la chambre de la poétesse. Tous les meubles et les effets personnels sont authentiques, on peut même voir la porte de sa maison recouverte de notes écrites au rouge à lèvres. En montant l'escalier, on admire des portraits artistiques d'Alda Merini réalisés par Giuliano Grittini, son photographe officiel. Au rez-de-chaussée, se trouvent une salle d'exposition et un bar littéraire où a lieu chaque mercredi soir « Il Giardino della Poesia », une scène ouverte aux jeunes poètes.

Quels sont vos endroits préférés à Milan ?

Les *Navigli* sont la partie la plus suggestive de la ville. On peut s'y promener, visiter les boutiques d'artistes et d'artisans, prendre un apéritif au bord de l'eau ou bien venir à la *Casa Merini* où un événement sera sûrement organisé ! Je vais aussi souvent au théâtre et j'adore la musique jazz, dans le quartier de Brera particulièrement.

CASA MUSEO ALDA MERINI
Via Magolfa, 32
✆ +39 0283969921
www.spazioaldamerini.org
info@lacasadelleartiste.it

VINCENZA PEZZUTO, À LA TÊTE D'UNE MAISON-MUSÉE

Entrée libre. Fermé le lundi. Ouvert le mardi de 10h à 13h, le mercredi de 10h à 13h et de 17h à 20h, le jeudi de 14h à 20h et le vendredi, le samedi et le dimanche de 17h à 20h. Les horaires peuvent varier en fonction des événements organisés, consultez le site Internet.

Un endroit à visiter pour découvrir ou redécouvrir la poétesse italienne Alda Merini. À l'étage, vous pourrez voir une reconstitution de la chambre de sa maison de la Ripa Ticinese, 47 : machine à écrire, piano et la fameuse porte sur laquelle elle écrivait ses notes au rouge à lèvres, tout y est ! Lo Spazio Alda Merini se trouve dans l'ancien tabac que fréquentait assidûment l'autrice, les nombreux portraits la représentant témoignent d'ailleurs à merveille de son addiction à la cigarette. Outre cette visite fort intéressante, la Casa delle Artiste organise aussi différents événements culturels tout au long de l'année (concerts, lectures, performances artistiques...).

© VINCENZA PEZZUTO

© PAOLO BONA – SHUTTERSTOCK.COM

Fondazione Prada.

FONDAZIONE PRADA ★★

Largo Isarco, 2
✆ +39 02 56 66 26 11
www.fondazioneprada.org
info@fondazioneprada.org
M3 Lodi, tram 24, bus 65 arrêt Largo Isarco.
Lundi, mercredi et jeudi de 10h à 19h, vendredi, samedi et dimanche de 10h à 21h. Entrée pour l'exposition permanente 10 €, réduit 8 €. Avec l'exposition temporaire : 15 €, réduit : 12 €.

La passion artistique de Miuccia Prada ne se limite pas à la haute couture. Vestige d'archéologie industrielle, l'espace situé Largo Isarco, au sud de Milan, entre Via Ripamonti et Corso Lodi, a été entièrement revisité par le célèbre architecte hollandais Rem Koolhaas. Une ancienne distillerie accueille désormais une impressionnante collection d'art contemporain sur plus de 19 000 m². De nouveaux bâtiments aux lignes sobres et épurées hébergent également un cinéma, une salle de conférence et les espaces dédiés aux expositions temporaires. Les artistes Robert Gober et Thomas Demand ont créé expressément deux œuvres d'art « en dialogue » direct avec le reste du bâtiment. Cerise sur le gâteau, Wes Anderson, metteur en scène éclectique du *Grand Budapest Hôtel* a recréé à l'intérieur d'une cafétéria, le Bar Luce, l'ambiance des cafés du Milan d'autrefois.

PIAZZA SANT'ALESSANDRO ★

Piazza Sant'Alessandro
M3 Missori.

Une belle place où le baroque fait la part belle à l'harmonie d'une scène de théâtre. Vous aurez presque l'impression de monter sur des planches en gravissant les marches du parvis de l'église. De part et d'autre, la façade de l'église Sant'Alessandro (XVIIe siècle) fait face au portail du palazzo Trivulzio (XVIIIe siècle).

BASILICA SAN LORENZO MAGGIORE ★★

Corso di Porta Ticinese, 39
✆ +39 02 8940 4129
www.sanlorenzomaggiore.com
parrocchia@sanlorenzomaggiore.com
Du lundi au vendredi de 8h à 18h30, samedi et dimanche de 9h à 19h. Entrée chapelle de Sant'Aquilino : 2 €.

A l'heure de l'apéro, une jeunesse heureuse envahit aujourd'hui le vaste parvis de San Lorenzo, surveillée par la copie en bronze d'une statue de l'empereur Constantin. Cet illustre témoignage du Milan romain et paléochrétien s'intègre parfaitement à l'urbanisme milanais, malgré ses nombreux remaniements à travers les siècles. Seize colonnes corinthiennes en marbre délimitent ce qui était autrefois la façade du quadriportique de l'église. Provenant d'un édifice de l'époque impériale tardive (IIIe siècle ap. J.-C.), elles furent transportées ici spécialement à cet effet. La basilique, bien qu'harmonieusement remaniée au XVIe siècle, préserve sa solide structure paléochrétienne. A l'intérieur, elle a conservé plusieurs éléments de l'édifice paléochrétien dont la chapelle di Sant'Aquilino (IVe siècle apr. J.-C.). Décorée de magnifiques mosaïques d'inspiration byzantine, elle a été restaurée pendant deux ans et il est aujourd'hui possible de la visiter de nouveau. Des vestiges de fresques de la même époque ainsi que les chapelles de San Ippolito et de San Sisto se trouvent aussi dans la basilique.

Basilica Sant' Eustorgio.

BASILICA SANT' EUSTORGIO ★★

Piazza San Eustorgio, 3
✆ +39 02 89 40 26 71
www.santeustorgio.it
parrochia@santeustorgio.it
Trams 3, 9, 29, 30.
Chapelle Portinari tous les jours de 10h à 18h. Entrée 6 €, réduit 3 €.

On s'étonne de découvrir sur cette petite place du vivace quartier de Ticinese une des œuvres majeures du roman lombard. Joyau d'architecture, Sant' Eustorgio incarne le mariage parfait entre l'harmonie des proportions toscanes et le sens du décor lombard. Edifié en 515 par l'évêque Eustorgio pour accueillir les reliques des Rois mages, c'est au XIIIe siècle que remonte son aspect actuel. L'édifice est un recueil d'œuvres d'art sacré, mais c'est la Chapelle Portinari qui est son véritable fleuron. Construite par Michelozzi et décorée par les remarquables fresques de Vincenzo Foppa (1462-1468), elle conserve le célèbre tombeau de Saint-Pierre-Martyr réalisé par Giovanni di Balduccio en 1339. Une parenthèse atemporelle sur la Renaissance florentine.

San Lorenzo Maggiore.

PARCO DELLE BASILICHE ★

Piazza della Vetra

Le parc le plus paisible de Milan. Assis sur ses bancs, vous pourrez apprécier l'inimitable perfection du magnifique ensemble de la basilique de San Lorenzo et un peu plus loin de celle de Sant'Eustorgio.

MUSEO DIOCESANO ★

Piazza Sant'Eustorgio, 3
✆ +39 02 8940 2671
www.chiostrisanteustorgio.it
museosanteustorgio@gmail.com
M2 Sant'Agostino.

Du mardi au dimanche de 10h à 18h. Entrée : 8 €. Billet combiné avec la Cappella Portinari, le Musée de la basilique Sant'Eustorgio et le cimetière paléochrétien : 10 €.

Le musée du diocèse de Milan prend place dans le cadre évocateur du cloître de la basilique de Sant'Eustorgio, entouré par le parco delle Basiliche. Plus de 700 pièces d'art religieux y sont conservées, dont le précieux trésor de la basilique Sant'Ambrogio, de l'orfèvrerie ancienne et des toiles de maîtres remarquables de l'école lombarde. Une deuxième partie du musée met l'accent sur une série d'œuvres d'art contemporain au sujet religieux, dont des sculptures surprenantes de Lucio Fontana. Un musée qui, loin de faire uniquement l'inventaire poussiéreux de ses collections, cherche à séduire un public jeune.

ROTONDA DELLA BESANA – MUBA ★

Via Besana, 12
✆ +39 02 43 98 04 02
www.muba.it
info@muba.it

Du mardi au vendredi de 9h30 à 18h, week-end et jours fériés de 9h45 à 18h. Entrée : 8 €/enfant, 6 €/adulte.

Un espace de verdure à la forme originale, qui était autrefois le cimetière de l'Hôpital Majeur (Ca' Granda) et est aujourd'hui un agréable jardin cerné par une élégante colonnade. Construit par l'architecte Francesco Raffagno en 1698, il est formé d'une enceinte à huit segments de cercle avec des arcades à l'extérieur correspondant au portique intérieur. Au centre, l'église de San Michele ai Nuovi Sepolcri, n'étant plus consacrée, accueille à présent un agréable café et le MuBa, musée des enfants qui propose au quotidien des activités ludiques et pédagogiques pour les plus petits.

SAN BERNARDINO ALLE OSSA ★

Piazza Santo Stefano
M1 et M3 : Missori ou Duomo.

Du lundi au vendredi de 8h à 18h, samedi de 9h30 à 18h et dimanche de 9h30 à 12h30. Le dimanche, l'ossuaire est fermé. Entrée libre.

Des milliers d'ossements humains décorent les parois de cette église baroque située entre le Duomo et l'université Statale. Un décor macabre qui pourtant se prêtait bien à l'esprit de l'édifice, construit à la fin du XVIIe siècle. Les os seraient ceux de malades décédés dans l'ancien hôpital de la ville voisine, aujourd'hui une université.

SANTA MARIA DEI MIRACOLI PRESSO S. CELSO ★

Corso Italia, 37
www.santamariadeimiracoliesan-celso.it

M3 Missori, bus 94, tram 15.
Du lundi au samedi (sauf jeudi) de 10h à 12h et de 16h à 17h30, dimanche de 16h à 18h.
Non loin du Parco delle Basiliche se trouve cette église construite par Cristoforo Solari entre 1490 et 1506, suite à un miracle qui aurait eu lieu en 1486 dans la petite chapelle qui s'élevait à cet emplacement. L'image de la Vierge peinte sur le mur aurait tout d'un coup soulevé son voile et versé des larmes. La fresque est encore visible sur le mur de gauche peu après l'entrée et les Milanais y sont encore particulièrement dévoués.

SUR LES TRACES DE MEDIOLANUM

Contrairement à Rome, l'époque romaine n'a pas laissé d'importants vestiges à Milan. Cependant, le Milan romain existe, les bombardements de 1943 et la construction de la ligne de métro n° 3 en ont révélé la présence. Les vestiges de *Mediolanum* ont été découverts dans un quadrilatère compris entre la piazza della Scala, la via Bocchetto et la via San Giovanni in Conca. La structure de Milan à l'époque romaine n'était pas circulaire comme celle de nos jours mais carrée, comme l'imposaient les règles urbanistiques de l'époque.

- **Colonne di San Lorenzo**. Face à la basilique de San Lorenzo, dans le quartier de Ticinese, vous pouvez admirer les seuls vestiges romains encore debout conservés à Milan, les 16 colonnes de San Lorenzo (IIe siècle) entourant la place qui porte leur nom. L'origine de ces colonnes reste controversée.

- **Sant'Ambrogio**. D'autres vestiges du IVe siècle sont présents sous le portique de la basilique de Sant'Ambrogio, dont la chaire a été réalisée à partir d'un sarcophage romain.

- **Via Circo**. Près du Corso Magenta, entre les Via Brisa, Via Moriggi et Via Gorani, on pourra voir également les fondements de l'ancien cirque romain, détruit par Barberousse et dont l'existence à *Mediolanum* est confirmée par la stèle d'Urbico, conservée au musée d'Archéologie de Milan qui abrite la majeure partie du patrimoine romain milanais. Cette stèle raconte la vie d'un célèbre gladiateur, Urbico, qui, par douze fois, sortit gagnant du cirque de *Mediolanum*. La treizième fois, il en sortit les pieds devant…

- **Autres vestiges.** Dans une cour de la Via Vigna, toujours près du Corso Magenta, sont conservés des vestiges des enceintes de l'époque de Maximien et, au n° 2 de la Via Moriggi, se trouvent les restes d'un sol romain décoré de mosaïques. Enfin dans les sous-sols de la Bourse ont été mis au jour des restes d'enceintes et de routes romaines et, près de l'actuelle Via Monte di Pietà, les enceintes de l'époque de Maximien.

Torre Velasca.

TORRE VELASCA ★
Piazza Velasca
M3 Missori.
Le « gratte-ciel à jarretière » ainsi les Milanais nomment cette curieuse tour à cause des poutres obliques qui soutiennent la partie supérieure de l'édifice. Symbole architectural de l'Italie d'après-guerre, la construction a été réalisée par le célèbre cabinet BBPR – né en 1932, ce cabinet dont le nom n'est que l'abréviation des initiales de ses fondateurs – Gian Luigi Banfi, Ludovico Barbiano di Belgiojoso, Enrico Peressutti, Ernesto Nathan Rogers – sera l'auteur de nombreux et importants projets architecturaux milanais. La Tour comporte 17 étages de bureaux, 7 000 m² d'appartements et un rez-de-chaussée réservé aux commerces.

SE RESTAURER

SUR LE POUCE

CROCETTA PANINI D'AUTORE
Corso di Porta Romana, 67
✆ +39 02 545 0228
www.crocetta.com
info@crocetta.com
M3 Crocetta.
Tous les jours de 8h à 1h. Panini de 5 à 10 €.
Bien que la nouvelle gestion ait perdu quelque peu de l'authenticité d'autrefois, cette adresse reste une référence en matière de paninis dans le panorama gastronomique milanais. Depuis les années 1960, ce petit café de quartier n'a eu de cesse de séduire des gourmands avec la liste infinie de ses sandwichs aux garnitures rocambolesques. Parmi leurs 150 variétés, essayez l'Augusto, qui se mange à la cuillère... A découvrir ! Apéritif le soir.

TUTTI FRITTI
Corso di Porta Ticinese, 18
✆ +39 02 8905 2541
M2 Sant'Ambrogio.
Tous les jours de 12h30 à 14h30 et de 18h30 à 2h, le vendredi et le samedi jusqu'à 3h.
Donnant tout droit sur les colonnes de la basilique San Lorenzo, ce bar à fritures constitue une offre qui manquait cruellement parmi l'univers du fooding milanais. Jeune et cool, la petite adresse attire une foule de noctambules friands de ses gambas, croquettes de pommes de terre, fromages et ailes de poulets frites dans une pâte légère et une huile de qualité. A accompagner par une bonne sélection de bières brassées.

PAUSE GOURMANDE

CIOCCOLATI ITALIANI
Via De Amicis, 25
✆ +39 02 89 40 66 51
www.cioccolatitaliani.it
Bus 94, tram 2, 14.
Tous les jours de 7h à minuit.
« Nous on le fait devant tout le monde », voici la devise de cet étonnant café, au croisement entre un glacier, un restaurant et une pâtisserie. Pour réaliser sa mission de promotion de la culture du chocolat, Cioccolati Italiani met le paquet : vue sur le laboratoire de production, fontaines de chocolat noir et blanc (on y remplit son cornet), dégustation de glaces et agréable véranda ! Plusieurs autres adresses à Milan, dont une Alzaia Naviglio Grande, 44.

Autre adresse : Via San Raffaele, 6 ✆ +39 02 89 406 651

Les fameux marrons glacés de Giovanni Galli.

GIOVANNI GALLI

Corso di Porta Romana, 2
✆ +39 02 86 45 31 12
www.giovannigalli.com
info@giovannigalli.com
M3 Missori.
Du lundi au samedi de 8h30 à 13h30 et de 14h30 à 20h, dimanche de 9h à 13h.
Fondé en 1911, c'est ici que vous trouverez les meilleurs marrons glacés de Milan, ainsi qu'un féerique assortiment de pralines entièrement confectionnées à la main. La qualité des produits est vraiment unique et un cadeau de chez Galli est peut-être l'un des meilleurs présents que l'on puisse rapporter de Milan.

Autre adresse : Via Victor Hugo, 2

RINOMATA GELATERIA

Ripa di Porta Ticinese, 1
✆ +39 02 58 11 38 77
Tous les jours de 14h à 2h.
Envie de glace lors de votre balade le long des Navigli ? Cette gelateria à l'ancienne ne manquera pas de vous séduire aussi bien pour son décor que pour la qualité de ses parfums. Aux murs, des placards en bois à l'ancienne, tandis que les bacs à glaces semblent sortis d'un film sur la Belle Epoque. Un choix entre 40 parfums satisfera les plus exigeants.

BIEN ET PAS CHER

ANTICA OSTERIA DEL LAGHETTO

Via Festa del Perdono, 4
✆ +39 02 5830 7404
M3 Missori.
Addition 20-35 €. Fermé mercredi.
Petite adresse caractéristique aux abords de l'Università Statale, à l'intérieur cossu et à la décoration au charme désuet, avec une terrasse estivale qui donne tout droit sur la belle façade de l'université, et une carte où règnent les basiques de la cuisine lombarde mais aussi quelques plats de poisson. Bien et pas cher.

LA DROGHERIA MILANESE

Via Conca del Naviglio, 7
✆ +39 02 58114843
www.drogheriemilanesi.it
info@sevengroup.it
Tous les jours de 12h à 15h et de 18h à minuit. Addition 10-20 €.
Un décor vintage entre épicerie fine et bistrot pour cette adresse sympathique à la lisière des quartiers Sant'Ambrogio et Navigli. On se serre côte-à-côte pour croquer dans des assiettes gourmandes qui ne lésinent pas en quantité. Ici, les burgers-frites se partagent la carte avec *pasta*, *ravioli* et *pizzette*. C'est bon et funky !

GIULIO PANE E OJO

Via Muratori, 10
✆ +39 02 545 6189
www.giuliopaneojo.com
M3 Porta Romana.
Ouvert tous les jours de midi à minuit. Addition autour de 30 €.
Ce restaurant a déjà conquis le cœur de nombreux fidèles, qui ne se lassent pas de son ambiance informelle et si *dolce vita*. Deux services le soir, sous le contrôle du patron arrivé à Milan avec l'ambition de promouvoir la cuisine romaine. Pâtes à l'*amatriciana*, artichauts à la juive... Pari gagné !

IL BRUTTO ANATROCCOLO

Via Torricelli, 3
✆ +39 02 8322222
Ouvert du lundi au samedi, de 12h à 15h et de 18h à 1h. Addition : 10/15 €.
Une vraie cantine milanaise qui accueille chaque midi les employés du quartier et les habitués. Une adresse de locaux où les prix sont bas et la qualité au rendez-vous : que demander de plus ? L'ambiance est conviviale, presque familiale. Un coup de cœur pour les desserts faits maison. Assurez-vous d'avoir encore faim car les portions sont généreuses !

UN MARCHÉ GOURMAND AU BORD DE L'EAU

Nouvel eldorado alimentaire de la ville, le marché municipal de la Darse milanaise fait partie du vaste projet de requalification du quartier des Navigli, entrepris en 2015. L'ancienne darse a retrouvé allure et vitalité après des années d'abandon, et la nouvelle structure de fer et de verre s'impose comme ses halles gourmandes. Un marché vivant où sur chaque étal les produits sont vendus prêts à la consommation sur place, dans un esprit entre street food et comptoir gourmand. Ouvertes jusqu'à 22h en fin de semaine, plusieurs enseignes proposent l'*aperitivo* milanais avec un verre de vin à 3-4 € et des amuse-gueules aussi copieux que savoureux. De plus, le coucher de soleil qui se reflète sur le miroir d'eau promet tous les soirs un beau spectacle.

MERCATO RIONALE

Piazza XXIV Maggio, M2 Porta Genova.
Tous les jours 8h-20h. Lundi jusqu'à 15h, vendredi et samedi jusqu'à 22h.
Ce grand marché municipal abrite les étals de marchands qui proposent à toute heure des petits en-cas et même l'*aperitivo*. A picorer sur le pouce : brochettes de poisson, burgers, fromages avec un verre de vin...

OSTERIA DELLA LANTERNA

Via Mercalli, 3
✆ +39 02 5830 9604
Addition 15-25 €. Fermé le dimanche.
Une ancienne lanterne marque le pas de la porte et donne son nom au lieu. Madame Paola récite aux derniers arrivés : « aujourd'hui au menu *gnocchi* gorgonzola et pistache, *maccheroni* au ragoût ou risotto au radis rouge... » et d'autres encore. Tout cela en italien, comme si vous étiez dans une cuisine de grand-mère, avec de vieux meubles en bois, des nappes à carreaux et des casseroles aux murs. Sans prétention, mais dédié à ceux qui recherchent quantité et authenticité dans l'assiette.

PIZZA AM

Corso di Porta Romana, 83
✆ +39 02 55 10 579
Pizze entre 6 et 10 €.
Parmi les dix meilleures *pizze* de Milan et non sans raison ! A l'entrée, les *pizzaioli* s'activent pour cuire au feu de bois un choix de *pizze* qui ne dépasse pas les six garnitures. L'attente est souvent un peu longue (il y a toujours foule et pas de réservation possible), mais l'on vous fait patienter un verre de *prosecco* à la main et quelques amuse-bouche (offerts par la maison). Dans la salle très colorée et toujours bondée, on partage les tables et on croque dans des *pizze* vraiment parfaites.

PIZZERIA DEL TICINESE

Corso di Porta Ticinese, 65
✆ +39 02 8940 2970
Pizza 8-15 €. Fermé le lundi.
De très bonnes pizzas à la pâte bio et cuites au feu de bois à déguster dans le cadre caractéristique d'une ancienne habitation populaire milanaise aux salles voutées.

TRATTORIA MADONNINA

Via Gentilino, 6
✆ +39 02 89 40 90 89
M2 Romolo.
Addition 25-40 €. Lundi et mardi uniquement le midi, du mercredi au samedi, midi et soir. Fermé le dimanche.
Dans une rue tranquille entre Ticinese et les Navigli, cette petite *trattoria* traditionnelle défend bien son authenticité. Deux salles décorées avec des meubles anciens qui semblent sortis tout droit de chez la *nonna* et des nappes à carreaux plantent une atmosphère on ne peut plus traditionnelle. Une jolie pergola protège les quelques tables du soleil d'été dans la petite cour de la *casa di ringhiera* (ancienne habitation populaire aux balcons à balustrades). Le menu différent le midi et le soir propose un excellent *risotto* au safran et toutes les spécialités milanaises.

BONNES TABLES

AL FRESCO

Via Savona, 50
✆ +39 02 495 33 630
www.alfrescomilano.it
reservations@alfrescomilano.it
M2 Porta Genova.
Addition 40-50 €. Fermé lundi.
Curieux mariage entre un jardin pittoresque, où l'on dîne sous la tonnelle en fleurs, et un ancien entrepôt industriel réaménagé : le nouveau restaurant du quartier design de via Tortona, s'impose pour son côté chaleureux et à la fois original. La cuisine propose un menu différent le midi et le soir. Le midi : *ravioli* au citron et à la ricotta avec une sauce aux crevettes ou bien la fameuse *cotoletta alla milanese*

© AL MERCATO

Le Burger Bar et le restaurant de Al Mercato.

sont proposés ; le menu du soir est plus élaboré en permettant de tester un excellent *osso buco* notamment.

AL MERCATO

Via Sant'Eufemia, 16
✆ +39 02 87 23 71 67
www.al-mercato.it
info@al-mercato.it
M3 Missori.
Addition environ 25 €. Fermé lundi.
Amoureux des burgers ? Cet endroit est fait pour vous ! Deux jeunes *hipsters* milanais ont lancé la mode du *street food* américain, sans oublier pour autant le mariage des saveurs propres à la cuisine italienne. Les burgers sont immenses et originaux ; foie gras, homard, poulpe et avocat ne sont que certains des assaisonnements ultra frais. Et quelques rues plus loin, Viale Bligny, 3, Al Mercato est aussi un bar à noodles !

BASARA SUSHI PASTICCERIA

VIa Tortona, 12
✆ +39 02 83 24 10 25
basaramilano.it
M2 Genova FS.
Addition 40-60 €. Fermé dimanche. De nombreuses possibilités sans gluten.
Si le cadre n'a rien d'exceptionnel, la cuisine de Basara fait quant à elle sensation. Au menu, sushis japonais cuisinés et présentés avec le même raffinement qu'une pâtisserie de Ladurée. Chaque plat est une petite œuvre d'art et la qualité des matières premières est irréprochable. Plusieurs adresses à Milan. Dans le Basara de la Rinascente de Piazza Duomo et dans celui de la via Washington, le matin, café et brioche à l'italienne sont servis pour le petit déjeuner.

Autre adresse : Corso Italia, 6.

CANTINA DELLA VETRA

Via Pio IV, 3
✆ +39 02 8940 3843
www.cantinadellavetra.it
bistrot@cantinadellavetra.it
Addition 30-60 €. Tous les jours de midi à minuit, brunch le dimanche.

Nappes à carreaux, chaises et tables en bois et bougies sur la table... Une ambiance de brasserie de quartier où l'on déguste des plats de tradition milanaise et toscane très savoureux. Le plus : sa position unique au pied de la basilique San Lorenzo.

LACERBA

Via Orti, 4
✆ +39 02 545 5475
www.lacerba.it
info@lacerba.it
M° Crocetta.
Addition 30-50 €. Fermé le dimanche et le samedi midi.
Pour les amoureux de littérature, ce restaurant s'inspire du mouvement futuriste dans son nom d'abord, *Lacerba* était la revue du futurisme fondée en 1913, et dans sa décoration ensuite. On y déguste d'excellents plats de poisson frais dans la meilleure tradition méditerranéenne. Le soir, on sert aussi un très bon apéritif. Le tout dans un cadre évocateur : un relais de poste du XVIIIe siècle.

OSTERIA DEL BINARI

Via Tortona, 1
✆ +39 02 8940 9428
M2 Sant'Agostino,
Porta Genova FS,
Bus 68, 90, 91, Tram 2, 9, 14, 29
Addition 30-60 €. Ouvert tous les jours midi et soir.
Dans le quartier branché du design, voici une adresse qui allie à la fois tradition et modernité. L'entrée juste sous la passerelle en fer de la Gare Porta Genova vous mène à la salle où banquettes en cuir et boiseries donnent le ton. L'été, la terrasse sous la pergola vous fait presque oublier que vous êtes en centre-ville. Cuisine milanaise avec de très bonnes viandes. A midi l'Osteria devient bistrot.

REBELOT

Ripa di Porta Ticinese, 55
✆ +39 02 84 19 47 20
www.rebelotnavigli.com
rebelotnavigli@gmail.com
M2 Porta Genova.
Ouvert du lundi au vendredi, de 17h à 2h. Le samedi, de 12h à 2h, le dimanche de 12h à 00h.
Annexe d'un restaurant étoilé plus connu, Al Pont de Ferr, le Rebelot propose une formule plus jeune mais indiscutablement branchée et presque bobo. Le menu se compose d'un assortiment de petits plats aux portions plus proches de la dégustation que d'un repas du dimanche. La qualité est irréprochable aussi bien dans le choix des matières premières toujours de saison, que dans la présentation. Très bonne cave et cocktails audacieux. Une adresse sans-faute pour épicuriens tendance.

TRATTORIA DEL PESCATORE

Via Vannucci, 5
✆ + 39 02 58 32 04 52
M3 Porta Romana.
Addition 40 €. Ouvert midi et soir du lundi au samedi. Lobster bar ouvert le soir et le samedi midi.
Sympathique trattoria de quartier où le poisson et les fruits de mer sont les rois de la table. Au menu, une longue séquence d'antipasti chauds et froids, de fritures et de grillades, sans oublier le homard façon catalane (à la tomate), fierté de la boutique. Parmi les *primi*, linguine au homard ou risotto à l'encre de seiche ne s'écartent pas du leitmotiv de la carte. Clin d'œil

© MASAKAZU KURIHARA

Rebelot Del Pont.

du chef aux recettes sardes avec du pecorino de la région, que l'on débite à même la meule. L'annexe Lobster bar propose quant à elle une nouvelle formule, dont la star est le homard ! Grand choix de vins, pour un apéritif de qualité.

LUXE

IL LUOGO DI AIMO E NADIA

Via Montecuccoli, 6
✆ +39 02 416 886
www.aimoenadia.com
info@aimoenadia.com
M° Primaticcio. Bus 63, 64.
Menus dégustation à partir de 140 €.
Fermé samedi midi et dimanche.
Il n'y a absolument aucune raison de venir vous perdre dans ce coin éloigné de l'est de Milan a priori, si ce n'est pour découvrir ce haut lieu de raffinement culinaire. Deux étoiles au Michelin, ça se mérite, tout comme le classement parmi les restaurants Relais & Châteaux. Un service prévenant pour un repas délicat, aux saveurs nobles, où chaque recette sublime les produits : pâté de foie de pigeon et de canard, ravioles à l'os à moelle, porcelet tendre et croquant au miel et au romarin, soufflé à la réglisse, crème au citron de Sorrente...

SHOPPING

Du côté de Porta Romana, des boutiques de quartier entretiennent leur réputation depuis plusieurs générations. Tandis que vers les Navigli et Porta Ticinese, les enseignes vintage et ethniques recueillent toujours beaucoup de succès parmi une clientèle jeune.

ETRO OUTLET

Via Spartaco, 3
✆ +39 02 55 02 02 18
Ouvert tous les jours de 10h à 19h30.
Une bonne adresse pour les amateurs des élégants imprimés d'Etro. On trouve ici ses créations à prix réduits.

© CRZY77 - FOTOLIA

Mode milanaise.

GIOVANNI GALLI

Corso di Porta Romana, 2
✆ +39 02 86 45 31 12
Voir page 128.

MACELLERIA FARAVELLI

Corso Italia, 40
✆ +39 02 876 287
www.macelleriafaravelli.it
info@macelleriafaravelli.it
Du lundi au samedi de 8h à 20h.
Depuis 1957, Faravelli est à la gastronomie ce que Cartier est à la bijouterie. En vitrine viandes, jambons, fromages et de succulents plats cuisinés avec les produits de la plus grande qualité et fraîcheur. Une épicerie et une œnothèque complètent le cadre. On y vient pour les grandes occasions comme pour son sandwich du midi.

MAURO LEONE

Corso di Porta Ticinese, 60
✆ +39 02 89 42 91 67
www.mauroleone.com
info@mauroleone.com
M2 Porta Genova. Bus 59, 71. Trams 3, 9, 30.
Le meilleur rapport qualité-prix à Milan pour des chaussures en cuir véritable et de tous types, toutes couleurs et pour toute saison. Une autre adresse à Milan, via Torino.

Autre adresse : Via San Pietro all'Orto, 9 ✆ +39 02 76 02 25 73

LA MIMOSA

Via Lentasio, 8
✆ +39 02 58 30 75 40
www.lamimosamilano.com
lamimosamilano@gmail.com
M° Crocetta. Trams 21, 24.
Lundi de 15h30 à 19h30, du mardi au samedi de 10h à 14h et de 15h à 19h30.
Une papeterie de conte de fées qui confectionne depuis trente ans boîtes, albums photo, cartes de vœux et d'autres articles qui enchanteront grands et petits. Les papiers imprimés sont anglais, allemands et hollandais mais le savoir-faire est sans nul doute italien.

MILAN AU MARCHÉ

Milan accueille plusieurs marchés, chaque quartier ayant le sien (voir la liste par quartier sur le site www.vivimilano.it). Plusieurs marchés aux puces ont un charme et un attrait particulier. En voici quelques-uns sélectionnés pour vous.

FIERA DI SINIGAGLIA
Ripa di Porta Ticinese, entre Via Paoli et Via Barsanti
www.fieradisinigaglia.it
info@fieradisinigaglia.it
M° Porta Genova FS.
Samedi de 8h à 18h.
Le plus ancien marché aux puces de la ville, plus de 100 stands où trouver aussi bien des objets vintage que des souvenirs originaux.

MARCHÉ AUX ANTIQUAIRES DE BRERA
Via Fiori Chiari
Le 3e dimanche de chaque mois (sauf en août) de 9h à 18h.
Les stands de ce petit marché raffiné s'éparpillent à travers les jolies ruelles du quartier de Brera. Vous trouverez ici une marchandise plutôt haut de gamme et recherchée, dont les prix ne sont pas toujours abordables. Porcelaines, verres soufflés, tableaux et estampes, cannes, argenterie et cristallerie... On vient ici chercher la perle rare.

© DR

MARCHÉ DE PAPINIANO
Viale Papiniano
M° Sant'Agostino.
Mardi et samedi.
Vêtements, sacs, chaussures (attention, beaucoup de contrefaçons), linge et ustensiles de cuisine à de très bons prix.

MARCHÉ DES ANTIQUAIRES DU NAVIGLIO GRANDE
Alzaia Naviglio Grande
www.navigliogrande.mi.it
info@navigliogrande.mi.it
M° Porta Genova FS.
Tram 19.
Le dernier dimanche du mois de 9h à 18h30.
Antiquités et brocante dans un cadre pittoresque, le long du Naviglio Grande, entre viale Gorizia et Ponte di via Valenza.

SORTIR

CAFÉS - BARS

BAR LUCE

Largo Isarco, 2
Fondazione Prada
✆ +39 02 56 66 26 11
www.fondazioneprada.org
info@fondazioneprada.org
M3 Lodi.
Lundi, mercredi et jeudi de 8h30 à 20h, vendredi jusqu'à 21h, samedi et dimanche de 9h à 22h. Fermé le mardi.
Wes Anderson, le réalisateur du film *Grand Budapest Hotel*, a signé le décor du bar de la Fondation Prada aux portes sud de Milan. Un univers où comptoir, tables, chaises et jukebox rappellent l'ambiance des années 1950-60 dans un esprit vintage, ludique et glamour à la fois. Idéal pour une pause café, une pâtisserie ou un sandwich délicat, à des prix qui restent honnêtes.

LE BICICLETTE

Via Torti, 1
✆ +39 02 839 4177
www.lebiciclette.com
Trams 2, 14. Bus 94.
Le lundi de 18h à 00h, du mardi au jeudi jusqu'à 1h, le vendredi et le samedi jusqu'à 2h, le dimanche de 12h à 16h et de 18h à 00h.
Installé dans un ancien magasin de pièces de rechange pour les vélos, ce bar très design est une référence pour qui recherche un endroit soigné et relaxant et en même temps amusant et tendance. Des œuvres d'art contemporain vous entourent dans la salle à manger, et un vélo pend au-dessus de vos têtes quand vous sirotez un cocktail au comptoir ou dégustez un plat du restaurant. Apéritif tous les soirs et brunch le dimanche matin.

CAFFÉ DELLA PUSTERLA

Via De Amicis, 24
✆ +39 02 89 40 21 46
Bus 94. Trams 2, 14.
Ouvert tous les jours de 8h à 00h, 2h le week-end.
Un café-bistrot très agréable, récemment restructuré. Les brioches du petit déjeuner sont aussi appétissantes que les panini du midi. L'apéritif est, lui, un peu léger. En été, une jolie pergola vous permet de déjeuner en terrasse, où vous disposez de la connexion wifi. Malheureusement, le bar donne sur la bruyante via De Amicis.

CAPETOWN CAFÉ

Via Vigevano, 3
✆ +39 02 89 40 30 53
M2 Porta Genova FS.
Ouvert tous les jours de 18h à 2h.
Un point de rendez-vous très couru pour l'apéro sur les Navigli, en particulier par une clientèle d'artistes jeunes et branchés et de professionnels de la mode et du design. La déco est simple. En été, une jolie terrasse se déploie sur le trottoir. Riche buffet pour l'happy hour et excellents cocktails (surtout le mojito).

GATTULLO

Piazzale di Porta Lodovica, 2
✆ +39 02 5831 0497
www.gattullo.it
info@gattullo.it
Trams 9, 15.
Du mardi au dimanche de 7h à 21h.
Ouvert en 1961, ce café historique est l'un des plus prisés de Milan, pour ses

Le roi des petits-déjeuners : cappuccino et brioche.

pâtisseries notamment. Le comptoir, les étagères en bois années 1970 et les élégants lampadaires en verre de Murano accueillent une clientèle d'habitués depuis 40 ans, à tout moment de la journée. Excellentes pâtisseries pour le petit déjeuner et pour le thé et savoureux buffets apéro.

MORNA
Via Tortona, 21
✆ +39 345 58 95 057
M2 Garibaldi.
Du lundi au vendredi de 7h à 2h du matin, samedi de 9h à 2h.
Une petite partie de pétanque au cœur de Milan ? Voici le dernier bar de la ville où c'est peut-être encore possible... Adresse accueillante au cœur du Design district, ce café de quartier a conservé son terrain de pétanque d'après-guerre pour la grande joie des riverains les plus âgés. Mais à l'heure de l'apéro, l'ambiance est jeune, animée et festive. Un bon spot pour un verre en fin de journée.

NOTTINGHAM FOREST
Viale Piave, 1
✆ +39 02 798 311
www.nottingham-forest.com
Tram 9, 12, 23, 27, 30.
Ouvert du mardi au dimanche, de 18h30 à 2h (le dimanche de 18h à 1h).
Sûrement un des bars les plus originaux de Milan, cet endroit fusion, cosy et raffiné marie un style très british à un autre plus colonial. Une lumière douce, des petits canapés et un comptoir new-yorkais composent le décor, mais le plus exceptionnel est la liste de cocktails, tous plus originaux les uns que les autres, qui réunit des ingrédients extravagants comme l'absinthe, des perles et des galets aromatisés.

PANARELLO
Piazza San Nazaro in Brolo, 15 (angle C.so di Porta Romana)
✆ +39 02 87 128 284
www.panarello.com
info@panarello.com
Tous les jours 7h30-20h.

Incontournable pour les Milanais gourmands qui raffolent de ses *cannoncini* (choux à la crème pâtissière en forme de petits cannons allongés), cette pâtisserie ne désemplit jamais. Alors accordez-vous une pause au comptoir pour croquer dans ces douceurs et siroter un bon *espresso*. Plusieurs adresses à Milan.

RE FOSCO

Via San Calimero, 7
✆ +39 02 3663 3079
M3 Crocetta.
De lundi au vendredi de 8h à 22h, samedi de 10h à 22h, dimanche de 12h à 22h. Plats du jour de 7 à 12 €, spritz 7 €.
Ce petit café pittoresque affiche un petit air français, tranquillement placé dans une ruelle piétonne transversale au corso di Porta Romana. Croissants chauds le matin et salades, burgers et tartares le midi remportent toujours beaucoup de succès, mais la star du menu reste la très demandée *focaccia* au fromage coulant qui arrive chaque matin de Ligurie. Le soir, la terrasse se remplit et le café se transforme en bar à vin animé.

IL TASCA

Corso di Porta Ticinese, 14
✆ +39 02 837 6915
www.iltasca.it
Bus 94. Trams 3, 20.
Du lundi au vendredi de 8h à 1h. Le samedi de 10h à 1h.
Ambiance espagnole pour ce chaleureux bar du quartier de Ticinese. Poutres apparentes et quelques tables en bois placées sous des *jamón* ibériques pendus au plafond et face à un comptoir rempli de bonnes bouteilles. Le samedi soir, le bar est tellement plein qu'on reste debout, un verre à la main, des tapas à grignoter et surtout en bonne compagnie. Pour les plus grosses faims, des paellas sont au menu.

LE TROTTOIR

Piazza XXIV Maggio, 1
✆ +39 02 837 8166
www.letrottoir.it – info@letrottoir.it
M° Porta Genova.
Trams 3, 9, 29. Bus 59, 71.
Tous les jours de 11h à 4h, 5h le vendredi et le samedi.
Une adresse historique à Milan qui occupe l'édifice néoclassique qui abritaient les anciens bureaux de douane de la darse de Porta Genova. Ambiance artistique et bohème sympathique pour siroter un spritz en soirée.

YGUANA CAFÉ

Via Papa Gregorio XIV, 16
✆ +33 2 89 40 41 95
Cocktails 11 € avec buffet happy hour compris.
Tout est dans les tons du vert, du sol aux murs recouverts d'un papier peint «végétal», dans ce café au dos de la basilique San Lorenzo très fréquenté en fin de semaine. Son point fort est le buffet happy hour, très copieux et apprécié par une jeunesse animée et fêtarde.

CLUBS ET DISCOTHÈQUES

PLASTIC

Viale Gargano, 15
✆ +39 02 54 10 01 61
M3 Brenta, Corvetto.
Ouvert vendredi, samedi et dimanche soir. Entrée 20-25 €.
La boîte de nuit la plus transgressive de Milan depuis trente ans. Après avoir laissé désemparés des centaines de fans à sa fermeture en 2012, la voici à nouveau ouverte dans un nouveau cadre au sud-est de la ville. L'entrée est très sélective.

ORGANISER SON SÉJOUR

PENSE FUTÉ

ARGENT

Milan est une des villes les plus chères d'Italie. Si vous pouvez trouver des tarifs avantageux dans la restauration et dans les transports, l'hébergement est vraiment onéreux, surtout en période de salon, ainsi que les prix moyens des commerces. Voici une idée de budget en moyenne par jour et par personne (logement, repas, activités...) :

- **Petit budget** : 90 € – 120 €.
- **Moyen budget** : 150 € – 200 €.
- **Gros budget** : au-delà de 300 €.

CLIMAT

Milan jouit d'un climat continental tempéré avec des hivers froids et des étés chauds et étouffants. Les autres saisons sont caractérisées par de belles journées limpides alternées par des périodes de pluies intenses.

Les moyennes saisonnières oscillent entre 1 °C et 6 °C en hiver et entre 28 °C et 35 °C en été. Le phénomène caractéristique du brouillard se présente en moyenne une trentaine de jours par an.

DÉCALAGE HORAIRE

Aucun décalage horaire entre la France et l'Italie (GMT+1), qui applique les mêmes transitions entre horaire d'été et horaire d'hiver.

FORMALITÉ

En train ou en avion, munissez-vous de votre carte d'identité ou de votre passeport en cours de validité.

INTERNET

Des dizaines de spots wifi se trouvent dans le centre de Milan. Le logo « Free wifi spot » s'affiche dans nombre de jardins, de places et d'édifices municipaux. Pour se connecter : sélectionner le réseau et s'enregistrer en indiquant un numéro de téléphone portable. Le mot de passe vous sera envoyé en l'espace de quelques minutes. Il vous sera demandé pour vous connecter ainsi que le numéro de portable en tant que login. La connexion est gratuite. Quasiment tous les hôtels, certains restaurants et de plus en plus de cafés disposent aussi de leur propre connexion wifi gratuite à la disposition des clients.

LANGUES PARLÉES

Outre l'italien, par son profil de grande capitale économique internationale, Milan est une ville où l'anglais est largement parlé dans les hôtels, les restaurants, les boutiques et les sites touristiques. Vous serez surpris de trouver également plusieurs Milanais parlant français.

SÉCURITÉ

Milan n'est pas une ville particulièrement dangereuse. Seul le quartier de la gare centrale est éventuellement à éviter aux heures tardives, mais la zone est toujours patrouillée par les forces de l'ordre. Soyez vigilants comme d'usage pour éviter les pickpockets.

TÉLÉPHONE

L'indicatif national pour l'Italie est le 39. A combiner avec l'indicatif national pour Milan et les villes de son département qui est le 02.

- **Téléphoner de la France vers l'Italie** : 0039 + 02 + les six ou huit chiffres du numéro de fixe ou de portable de votre interlocuteur.
- **Téléphoner de l'Italie vers la France** : 0033 + indicatif de la région. Ex. 0033 + 1 + n° interlocuteur pour Paris.

Y ALLER

Pour se rendre à Milan, l'avion est sans aucun doute le moyen le plus rapide et le plus pratique ; comptez environ 1h20 de vol. Depuis le sud-est de la France, vous ne serez qu'à quelques heures de voiture. Mais à l'époque où l'on prône de prendre son temps, le trajet en train reprend du galon. En TGV (au départ de Paris, Lyon et Dijon), le voyage dure 7 heures, certes, mais traverse de très beaux paysages, notamment à travers les Alpes.

EN AVION

En moins de deux heures depuis Paris, plusieurs compagnies vous emmènent à Milan. L'aller-retour, en réservant à l'avance et en vous débrouillant bien, vous coûtera aux alentours de 100 €.

AIR FRANCE
✆ 36 54
www.airfrance.fr
La compagnie française parcourt 6 fois par jour les 645 km qui séparent Paris de la capitale lombarde.

ALITALIA
✆ 0892 655 655
www.alitalia.com
A partir de 130 € l'aller/retour, la compagnie italienne permet de relier Paris et Milan en 1h30. Elle assure quotidiennement plusieurs liaisons au départ de Paris-CDG et de Paris Orly à destination de Milan Malpensa et Milan Linate. Départs possibles depuis plusieurs autres villes françaises également.

EASYJET
✆ 08 20 42 03 15
Easy Jet programme plusieurs vols quotidiens à destination de Milan au départ de la France et de la Belgique. Jusqu'à 8 vols par jour de Paris CDG vers Milan Malpensa, 2 vers Milan Linate et 1 vol par jour de Paris Orly vers Milan Linate. Au départ de Bordeaux, 3 vols par semaine rejoignent Milan-Malpensa. Bruxelles et Mila-Malpensa sont reliés quotidiennement dans les deux sens.

RYANAIR
www.ryanair.com
Chaque jour au départ de Paris-Beauvais, la compagnie low-cost Ryanair propose un ou deux vols à destination de Milan-Bergamo Orio Al Serio (service de bus vers Milan centre, 50 km). 1h30 de vol pour des prix à partir de 20 €. Ryanair permet également de rejoindre Milan – Bergamo Orio Al Serio depuis l'aéroport de Lourdes entre avril et juillet à partir de 40 € l'aller.

EASYVOYAGE
✆ 08 99 19 98 79
www.easyvoyage.com
contact@easyvoyage.fr
Le concept d'Easyvoyage.com peut se résumer en trois mots : s'informer,

comparer et réserver. Des infos pratiques sur quelque 255 destinations en ligne (saisonnalité, visa, agenda...) vous permettent de penser plus efficacement votre voyage.

EXPEDIA FRANCE

✆ 01 57 32 49 77
www.expedia.fr

Expedia est le site français n° 1 mondial du voyage en ligne. Un large choix de 300 compagnies aériennes, 240 000 hôtels, plus de 5 000 stations de prise en charge pour la location de voitures et la possibilité de réserver parmi 5 000 activités sur votre lieu de vacances. Cette approche sur mesure du voyage est enrichie par une offre très complète comprenant prix réduits, séjours tout compris, départs à la dernière minute…

ILLICOTRAVEL

www.illicotravel.com

Illicotravel permet de trouver le meilleur prix pour organiser vos voyages. Vous y comparerez billets d'avion, hôtels, locations de voitures et séjours. Ce site offre des fonctionnalités très utiles comme le baromètre des prix pour connaître les meilleurs tarifs sur les vols à plus ou moins 8 jours. Le site propose également des filtres permettant de trouver facilement le produit qui répond à tous vos souhaits (escales, aéroport de départ, circuits, voyagistes…).

QUOTATRIP

www.quotatrip.com

QuotaTrip est une nouvelle plateforme de réservation de voyage en ligne mettant en relation voyageurs et agences de voyage locales sélectionnées dans près de 200 destinations pour leurs compétences. Le but de ce rapprochement est simple : proposer un séjour entièrement personnalisé aux utilisateurs. QuotaTrip promet l'assurance d'un voyage serein, sans frais supplémentaires.

SITES COMPARATEURS ET ENCHÈRES

JETCOST

www.jetcost.com
contact@jetcost.com

Jetcost compare les prix des billets d'avion et trouve le vol le moins cher parmi les offres et les promotions des compagnies aériennes régulières et *low cost*. Le site est également un comparateur d'hébergements, de loueurs d'automobiles et de séjours, circuits et croisières.

LILIGO

www.liligo.com

Liligo interroge agences de voyages, compagnies aériennes (régulières et *low cost*), trains (TGV, Eurostar…), loueurs de voitures mais aussi 250 000 hôtels à travers le monde pour vous proposer les offres les plus intéressantes du moment. Les prix sont donnés TTC et incluent donc les frais de dossier, d'agence…

EN TRAIN

En train, environ 7 heures sont nécessaires pour relier la capitale française à la capitale lombarde, dix en moyenne si vous voyagez la nuit. Comptez autour de 120 € l'aller-retour hors promotions et offres spéciales.

SNCF

France
✆ 36 35 034
www.oui.sncf
Au départ de Paris-Gare de Lyon, la SNCF propose trois départs quotidiens à bord de son TGV jusqu'à la gare Garibaldi (quartier Corso et Isola). En France, le train marque l'arrêt également à Lyon et Chambéry. Comptez 7 heures de trajet.

THELLO

✆ 01 83 82 00 00
www.thello.com
La compagnie Thello relie chaque nuit Paris et Dijon à la gare de Milan Centrale. A partir de 70 € l'aller-retour, en compartiment 6 couchettes. Bien plus chères, des cabines à une, deux ou trois couchettes sont également disponibles. A titre d'information, départ de Paris à 19h15, arrivée à Milan à 6h.

Gare Centrale à l'architecture mussolinienne.

TRENITALIA

✆ +39 0668 475 475
www.trenitalia.com
Trenitalia est la compagnie ferroviaire qui gère les réseaux de chemins de fer italiens. Depuis Paris gare de Lyon, elle propose deux départs quotidiens et un départ depuis Paris Bercy. Comptez entre 7 et 9h de trajet, pour un tarif minimum de 100 €.

TROC DES TRAINS

www.trocdestrains.com
Site consacré aux annonces pour l'achat de billets de train à petits prix, ni échangeables ni remboursables. Garanti sans enchères, sans frais et sans commission ! Le site contrôle la validité des billets de train proposés à la vente et indique la fiabilité du billet.

EN BUS

BLABLABUS

www.ouibus.fr
Billets à partir de 5 €.
Depuis Paris-Bercy, rejoignez en 13 h, la gare centrale de Milan pour 35 €. Arrêts intermédiaires à Mâcon et à Genève.

AGENCES DE VOYAGE

Milan reste abordable le temps d'un week-end. Réservez transport + hôtel et naviguez en liberté dans la capitale lombarde. Comptez 400 € minimum pour 3 jours et 2 nuits.

© STÉPHAN SZEREMETA

Gare Centrale à l'architecture mussolinienne.

CLIO

34, rue du Hameau (15e)
Paris ✆ 01 53 68 82 82
www.clio.fr

Agence ouverte du lundi au vendredi de 9h à 19h, le samedi de 10h à 18h.

Spécialiste des voyages culturels, Clio organise un séjour de trois jours à destination des mélomanes à Milan. « Art et musique à la Scala » permet non seulement de découvrir les trésors d'architecture de la cité mais de pénétrer le temple par excellence de la musique lyrique et d'assister à une inoubliable soirée à l'Opéra.

MONDORAMAS

ZI Athelia 4
375, avenue du Mistral
La Ciotat
✆ 04 42 36 03 60
www.mondoramas.com
mondoramas@mondoramas.com

« Le carnaval de Milan » et « Milan et lacs italiens » sont deux séjours que propose entre autres Mondoramas. Vous découvrirez et très probablement aimerez la douceur de vivre près des lacs, à côté d'un Milan dynamique. Les offres à destinations de la capitale lombarde sont nombreuses.

VOYAGEURS DU MONDE

55, rue Sainte-Anne (2e)
Paris
✆ 01 42 86 16 00
www.voyageursdumonde.fr

Du lundi au samedi de 9h30 à 19h.

Cette agence de voyages en TDM propose des voyages sur mesure, imaginés et montés selon vos désirs et vos attentes. C'est une agence de voyage dans laquelle les conseillers sont spécialisés dans la zone qu'ils couvrent. Plusieurs agences sont réparties dans toute la France, notamment à Bordeaux, Rennes, Caen, Toulouse, Montpellier, Marseille et Lyon. A Milan, plusieurs séjours inspirants sont proposés comme «Echappée à Milan, adresses chic et lifestyle italien» en 3 jours. Il est également possible de composer son séjour dans la capitale lombarde sur mesure.

S'Y DÉPLACER

Il est fortement déconseillé de circuler en voiture à Milan. Le trafic est intense, les places de parking difficiles à trouver et onéreuses. En plus l'accès à l'hyper centre historique (Cerchia dei Bastioni) est réglementé et payant en semaine (voir encadré Area C). Les transports en commun sont encore la meilleure solution et vous pourrez toujours compter sur vos propres jambes pour déambuler dans le centre historique qui se laisse facilement parcourir à pied.

TRANSPORTS EN COMMUN

ATM
✆ 800 80 81 81
www.atm-mi.it
key-account@atm.it
Ticket 2 €, valable pour un trajet de 90 min à l'intérieur de Milan (zone 1 à 3), en métro, en bus ou en tramway ; 24h/7 € zone 1 à 3 ; 72h/12 € zone 1 à 3, carnet 10 tickets à 18 €.
La société ATM (Azienda Transporti Milanesi) assure un réseau de transports en commun dense et efficace. A la station de métro Duomo, un point information distribue gratuitement des plans des différentes lignes. Les titres de transport sont en vente aux guichets des stations, aux distributeurs automatiques, auprès des tabacs et des marchands de journaux. Il est aussi possible d'acheter directement son billet au tourniquet à l'entrée du métro en utilisant le paiement sans contact de sa carte bancaire. Les zones 1 à 3 couvre toute la ville de Milan. Si vous avez besoin d'aller dans les communes limitrophes, consultez le site Internet (https://nuovosistematariffario.atm.it/) pour savoir dans quelle zone vous vous rendez.

- **Bus**. Plus de 50 lignes de bus couvrent tous les quartiers de la ville. Plusieurs d'entre elles disposent de couloirs prioritaires.
- **Tramway**. Bien que les wagons modernes aient remplacé presque entièrement les anciennes voitures, on aperçoit encore sur quelques lignes les modèles historiques du début du XXe siècle.
- **Métro**. Quatre lignes (M1 rouge, M2 verte, M3 jaune, M5 lilas et une 5e, la M4 prévue pour 2022) opérationnelles de 6h à 24h. A celles-ci s'ajoute le *Passante Ferroviario* (bleu) qui relie les gares milanaises entre elles. Attention ! Le métro milanais est loin d'être aussi étendu que le métro parisien. Il est donc rare que l'on fasse référence à une station de métro pour renseigner une adresse. Souvent d'ailleurs, nombre d'établissements se trouvent à une longue-moyenne distance de la station de métro la plus proche. Les bus et les tramways seront alors le meilleur moyen de transport.

Tramway.

RADIO TAXI

✆ +39 02 85 85 – www.026969.it

Comptez entre 10 € et 15 € pour une course de moyenne distance.

S'il est inutile de héler les taxis dans la rue, le service reste rapide et fonctionnel bien que plutôt coûteux. Des bornes se trouvent dans toutes les places principales, les gares et les aéroports.

LOCATION DE VOITURE

Parking. Si vous optez pour la voiture, sachez que le système de parking milanais est réglementé. Les places délimitées par la ligne jaune sont réservées aux résidents, tandis que celles en bleu s'adressent à des stationnements de courte durée. Le coût et la durée sont chaque fois indiqués sur des panneaux. Le paiement peut s'effectuer au parcmètre ou par SMS (envoyer le numéro de l'*area di parcheggio* suivi de votre plaque d'immatriculation au 48 444). Autrement chaque quartier dispose de plusieurs parkings surveillés. Le prix varie entre 15 et 25 € les 24 heures.

ALAMO RENT A CAR

France

✆ 08 05 54 25 10 – www.alamo.fr

Avec plus de 40 ans d'expérience, Alamo possède actuellement plus d'un million de véhicules au service de 15 millions de voyageurs chaque année, répartis dans 1 248 agences implantées dans 43 pays. Alamo met tout en œuvre pour une location de voiture sans souci.

BSP AUTO

www.bsp-auto.com

Site comparatif accessible 24h/24. Standard ouvert de 9h à 21h30 (20h le w-e).

La plus importante sélection de grands loueurs dans les gares, aéroports et

AUTOMOBILISTES ATTENTION !

Area C. Depuis janvier 2012, le conseil municipal a instauré une taxe de circulation dans le centre historique, dont l'objectif est de contenir le niveau de pollution très élevé de la capitale lombarde. Ainsi, les véhicules souhaitant accéder à l'hypercentre de Milan (dénommé zone *ZTL* ou *Cerchia dei Bastioni*, enceinte des bastions) du lundi au vendredi de 7h30 à 19h30 doivent obligatoirement payer un péage urbain d'un coût de 5 €. Sont exonérés les véhicules pour les personnes à mobilité réduite (communiquer le numéro de matricule à la mairie de Milan), ainsi que les deux-roues et les voitures électriques. Les véhicules essence Euro 0 et diesel Euro 0, 1, 2 et 3 sont interdits d'accès dans les plages horaires où l'Area C est activée. Les modalités de paiement sont les suivantes : tickets papier (en vente auprès des tabacs, des kiosques à journaux, des points ATM), distributeurs automatiques Banca Intesa San Paolo, parcmètres, RIB bancaire, ✆ 02 48684001, en ligne sur le site de l'Area C). Renseignements et détails sur le site www.areac.atm-mi.it, ✆ 02 02 02. Attention pensez-y avant de rentrer dans la zone à circulation limitée signalée par des panneaux (difficile d'ailleurs de ne pas repérer les dizaines de caméras prêtes à flasher les plaques d'immatriculation...). Le cas échéant vous risqueriez une amende très salée !

centres-villes. Les prix proposés sont les plus compétitifs du marché. Les tarifs comprennent toujours le kilométrage illimité et les assurances. Les bonus BSP : réservez dès maintenant et payez seulement 5 jours avant la prise de votre véhicule, pas de frais de dossier ni d'annulation, la moins chère des options zéro franchise.

BUDGET

✆ 08 25 00 35 64 – www.budget.fr

Budget possède de multiples agences à travers le monde. Les réservations peuvent se faire sur leur site, qui propose également des promotions temporaires. En agence, vous trouverez le véhicule de la catégorie choisie (citadine, ludospace économique ou monospace familial…) avec un faible kilométrage et équipé des options réservées (sièges bébé, porte-skis, GPS…).

HERTZ

www.hertz.fr

Vous pouvez obtenir différentes réductions si vous possédez la carte Hertz ou celle d'un partenaire Hertz. Le prix de la location comprend un kilométrage illimité, des assurances en option ainsi que des frais si vous êtes jeune conducteur. Toutes les gammes de véhicules, depuis la petite urbaine jusqu'à la grande routière, sont disponibles

VÉLO

BIKEMI

Bornes dans tous les quartiers de Milan

✆ +39 800 808 181

www.bikemi.com

Gratuit les premières 30 minutes, 0,50 € toutes les 30 minutes successives, 2 €/heure une fois dépassé les 2 heures. Abonnement 1 jour 4,50 € ; 9 € la semaine.

La version milanaise du Vélib. Les bornes sont nombreuses et le tarif bon marché. Seul inconvénient : un enregistrement préalable est nécessaire, par téléphone, par mail ou auprès des guichet ATM pour obtenir un code d'accès.

© PHILIPPE GUERSAN – AUTHOR'S IMAGE

Bikemi est un système de location de vélo milanais.

ROSSIGNOLI

Corso Garibaldi, 65/71

✆ +39 02 80 49 60

www.rossignoli.it – info@rossignoli.it

Tarifs : 12 € par jour, 65 € par semaine. Pièce d'identité et caution de 100 € obligatoire.

En centre-ville, une adresse historique à Milan dont le fondateur Giovanni Rossignoli a été plusieurs fois vainqueur du *Giro d'Italia* entre 1903 et 1927. Location uniquement de vélos « modèles femme » de toutes les tailles, adaptés à tous. Original ! Rossignoli propose également des visites guidées de Milan à bicyclette (sur réservation).

SE LOGER

Difficile de ne pas gréver son budget en séjournant ne serait-ce que quelques jours à Milan. La ville en effet dispose d'établissements splendides, mais réservés aux privilégiés disposés à payer le maximum. La saison hôtelière vit au rythme des salons, la Fiera (septembre/octobre et avril/mai/juin) et des Fashion Weeks. Les tarifs atteignent alors leur record et une réservation avec plusieurs mois d'avance est indispensable. L'hypercentre (Duomo et Quadrilatère doré) regorge d'hôtels de toutes les catégories et reste le plus indiqué pour ceux qui souhaitent profiter des boutiques et des sites touristiques. Méfiez-vous des établissements de catégorie moyenne, le rapport qualité-prix est souvent très décevant.

Le quartier de Porta Nuova dispose d'établissements de très bonne qualité, s'adressant plutôt à qui souhaiterait profiter de la vie nocturne, car les rues risquent d'être un peu bruyantes en soirée. Autour de Sant'Ambrogio une offre élégante et bourgeoise, à proximité du Malpensa Express pour rejoindre l'aéroport. Enfin l'offre vers les Navigli reste plutôt pauvre, bien que plusieurs B&B et hôtels design aient récemment ouvert leurs portes.

Vue aérienne de Milan et sa Piazza Sempione.

CENTRE HISTORIQUE

ANTICA LOCANDA SOLFERINO

Via Castelfidardo, 2
✆ +39 02 657 0129
www.anticalocandasolferino.it
info@anticalocandasolferino.it
M2 Moscova.
Chambre double à partir de 160 €.
Mobilier d'époque, napperons brodés et fleurs fraîches... Cette ancienne auberge de quartier a su conserver tout le charme d'antan. Le confort, la qualité des services (et les prix) ont eux évolué pour satisfaire au mieux une clientèle exigeante et raffinée.

MILANO URBAN BRERA

Via Bertoni, 3
✆ +39 02 65 56 02 01
www.urbanbrera.newgeneration-hostel.it
urbanbrera@newgenerationhostel.it
M2 Moscova, M3 Turati.
Chambre double à partir de 100 € sans petit déjeuner ; dortoir dès 22 €.
14 chambres du dortoir à 8 lits, à la chambre double, toutes avec salles de bains privatives pour un séjour au cœur du quartier de Brera. Décoration contemporaine colorée, ambiance jeune et décontractée dans les vastes espaces propices aux rencontres. Cuisine à disposition.

PORTA NUOVA ET ISOLA

3 ROOMS

Corso Como, 10
✆ +39 02 62 61 63
www.3rooms-10corsocomo.com
3rooms@10corsocomo.com
M2 Garibaldi FS.
A partir de 340 €. Tarif dégressif à partir de la 4e nuit.
Trois petits appartements de 50 m² dans lesquels règne la quintessence de l'esprit milanais : design, élégance et art de vivre. Le tout au cœur du complexe glamour de Carla Sozzani, le 10 Corso Como.

ADORABILE

Via Bramante, 14
✆ +39 392 73 98 826
www.adorabile.it
M2 Garibaldi ou Moscova.
Chambre double à partir de 120 €.
Non loin du quartier de Brera et du très animé Corso Sempione, un B&B charmant qui propose 4 chambres dans un immeuble années 1930. Un décor éclectique où mobilier original et décor vintage dialoguent avec du contemporain en parfaite harmonie. Un exemple : la cuisine super high-tech où tous les matins est servi le petit déjeuner. Petit détail qui fait la différence, tous les soirs dès 18h, les propriétaires vous offrent l'apéro durant l'Adorabile Hour !

BIOCITY HOTEL

Via Edolo, 18
✆ +39 02 667 03 595
www.biocityhotel.it
info@biocityhotel.it
M1, M2 Centrale FS.
Chambre double à partir de 75 €.
Juste derrière la gare centrale, un hôtel qui comme son nom l'indique joue la carte écolo. Les chambres ont été peintes avec de la peinture non chimique, la chromothérapie est installée dans chaque douche et le petit déjeuner est à base de produits rigoureusement bio. Le cadre est agréable et le confort (moderne) est au rendez-vous. Les tarifs sont (presque toujours) raisonnables.

Hôtel dans le quartier de la Gare Centrale.

OSTELLO BELLO GRANDE

Via R. Lepetit, 33
✆ +39 02 67 05 921
www.ostellobello.com
booking.lepetit@ostellobello.com
Dortoir à partir de 25 €, chambre double 108 €. Petit déjeuner et apéritif dînatoire inclus.

Jeune, coloré, sympathique... Voici le pendant du premier Ostello Bello du quartier de Sant'Ambrogio, situé à quelques pas de la gare Centrale. Plus vaste, il accueille 40 chambres propres et très colorées, du dortoir à 6 places jusqu'à la chambre double, chacune avec sa salle de bains. L'un des meilleurs plans à Milan, sous tous points de vue !

PORTA GARIBALDI

Viale Pasubio, 8
✆ +39 02 2906 1419
www.portagaribaldi.it
bb@portagaribaldi.it
M3 Garibaldi FS.
Chambre double dès 100 €.

Coup de cœur pour ce B&B situé dans le quartier branché de Corso Como. Le grand studio lumineux, au charme contemporain et coloré, dispose d'une petite cuisine toujours remplie de bonnes choses pour le petit déjeuner ainsi que d'une bibliothèque bien fournie sur Milan et ses merveilles. On ne pourrait être mieux accueilli par Alessandra, qui saura vous conseiller les meilleurs adresses pour profiter de Milan.

ROSSO SEGNALE

Via Sacchini, 18
✆ +39 02 2952 7453
www.rossosegnale.it
info@rossosegnale.it
M1 Loreto.
Double à partir de 140 €.

Le rouge mène la danse chez Rosso Segnale, le B&B dont la cote ne fait que monter. Voici trois chambres intimes à la déco minutieusement soignée, un joli petit jardin d'été avec salle de fitness et salle de lecture, et surtout une véritable galerie d'art où différents artistes contemporains exposent régulièrement. Alberto et Raoul ont remporté leur pari en restaurant une maisonnette qui abritait autrefois l'atelier d'un mécanicien.

Porta Garibaldi.

B&B HOTEL MILANO SANT'AMBROGIO

Via degli Olivetani, 4
✆ +39 02 48 10 10 89
mi.santambrogio@hotelbb.com
Chambre double dès 75 €. Petit déjeuner 7,90 €.

Gare à l'erreur : il ne s'agit pas d'un B&B mais bel et bien d'un véritable hôtel. Voici l'un des meilleurs rapports qualité-prix de Milan. Situé à quelques dizaines de mètres de la basilique de Sant'Ambrogio ainsi que de celle de Santa Maria delle Grazie et de la célèbre *Cène* de Léonard, l'hôtel propose des chambres modernes, confortables et discrètes. Une adresse qui va faire beaucoup de jaloux parmi ses voisins.

CASA CALICANTUS

Via Macchiavelli, 8
✆ +39 02 481 4693
www.casacalicantus.it
welcome@casacalicantus.it
M1 et M2 Cadorna FN, M1 Pagano.
Chambre double dès 130 €.

A quelques rues du château Sforzesco et du parco Sempione, ce Bed & Breakfast est une vraie perle. Ancienne demeure bourgeoise de la fin du XIXe siècle, Casa Calicantus a su sauvegarder ses poutres apparentes, ses cheminées, ses fers forgés, ses arcades et son mobilier ancien. Six chambres dont une suite et une jolie salle pour le petit déjeuner, où partout le soin des détails est au plus haut niveau.

GOGOL L'OSTELLO

Via Chieti, 1
✆ +39 02 36 75 55 22
www.gogolostellomilano.com
info@gogolostello.it
M4 Gerusalemme.
Dortoir 6 lits à partir de 29 €/personne, chambre 4 lits 32 €/personne, chambre double dès 84 €. Petit-déjeuner inclus et salle de bains privée.

Un peu excentrée peut-être, mais à quelques pas du Corso Sempione et de

Ostello Bello.

Castello Sforzesco.

ses bars branchés, voici une auberge de jeunesse colorée et sympathique, pour les jeunes (et les moins jeunes) qui souhaitent s'offrir Milan à petits prix. Sept chambres à deux, quatre ou six lits, toutes avec salle de bains privée. Avis aux intéressés : service de baby-sitting à disposition ! Au premier étage se trouve aussi un café littéraire.

OSTELLO BELLO
Via Medici, 4
✆ +39 02 3658 2720
www.ostellobello.com
info@ostellobello.com
M2 Sant'Ambrogio.
Lit 1 personne (dortoir 4/6 lits) à partir de 39 €, chambre double à partir de 118 €. Apéro de bienvenue et petit-déjeuner compris.
Au cœur de Milan, à deux pas de Sant'Ambrogio et de Via Torino, une auberge de jeunesse jolie, accueillante, confortable, pas chère et super cool ! Ouverte par une équipe de jeunes qui a beaucoup voyagé, Ostello Bello propose des chambres de 6 à 2 lits, toutes équipées de salle de bains privée, de climatisation et d'une connexion wifi gratuite. Restaurant, bar, salle de jeu et tout le nécessaire sur place. Une adresse bien futée ! Une autre adresse Ostello Bello Grande, près de la gare centrale.

REGINA
Via Cesare Correnti, 13
✆ +39 02 58 10 69 13
www.hotelregina.it
info@hotelregina.it
M2 Sant'Ambrogio.
Chambre double à partir de 135 € avec petit déjeuner.
Bonne situation, entre le Duomo et le quartier de Sant'Ambrogio. De couleurs vives, l'hôtel fraîchement rénové propose 43 chambres de grand confort, bien meublées, la plupart donnant sur une jolie cour intérieure. Excellent accueil et service irréprochable.

INDEX